Michael Uechtritz

ÖFFENTLICHES BAURECHT

Bauplanungsrecht, Baugenehmigungsrecht,
Verwaltungsprozeß

ÖFFENTLICHES BAURECHT

Bauplanungsrecht, Baugenehmigungsrecht, Verwaltungsprozeß

von
RA Dr. Michael Uechtritz, Stuttgart

R W S - Grundkurs 10

Verlag Kommunikationsforum GmbH
Recht Wirtschaft Steuern · Köln

Die Deutsche Bibliothek - CIP-Einheitsaufnahme

Uechtritz, Michael:
Öffentliches Baurecht : Bauplanungsrecht, Baugenehmigungsrecht, Verwaltungsprozeß / von Michael Uechtritz. - Köln: Verl. Kommunikationsforum Recht, Wirtschaft, Steuern, 1992
  (RWS-Grundkurs ; 10)
  ISBN 3-8145-0810-6
NE: GT

(C) 1992 Verlag Kommunikationsforum GmbH
Recht Wirtschaft Steuern, Postfach 27 01 25, 5000 Köln 1

Alle Rechte vorbehalten. Ohne ausdrückliche Genehmigung des Verlages ist es auch nicht gestattet, das Skript oder Teile daraus in irgendeiner Form (durch Fotokopie, Mikrofilm oder ein anderes Verfahren) zu vervielfältigen.

Druck und Verarbeitung: Hundt Druck GmbH, Köln

Vorwort

Das öffentliche Baurecht ist eine Materie, die dem jungen Juristen ebenso wie demjenigen, der nach einer Tätigkeit in anderen Bereichen erstmals mit dem öffentlichen Baurecht konfrontiert wird, in der praktischen Anwendung Schwierigkeiten bereitet. Zum einen liegt dies daran, daß die Ausbildung in der Universität und während der Referendarzeit regelmäßig nur lückenhafte Kenntnisse vermittelt. Zum anderen ist das öffentliche Baurecht eine unübersichtliche Rechtsmaterie. Ungeachtet des Titels "Bau-Gesetzbuch" (BauGB) finden sich in dieser Kodifizierung keineswegs alle Regeln, die für die praktische Arbeit bedeutsam sind.

Das vorliegende Skript will nicht eine weitere theoretische - systematische - Gesamtdarstellung des öffentlichen Baurechts liefern. Zwar orientiert sich die Darstellung an der "klassischen" Aufteilung der Materien des Bauplanungsrechts und des Bauordnungsrechts. Der Schwerpunkt liegt aber nicht in der umfassenden Erörterung abstrakter Rechtsfragen.

Im Vordergrund steht die Behandlung der Sachprobleme, denen sich der mit dem öffentlichen Baurecht befaßte Jurist erfahrungsgemäß am häufigsten konfrontiert sieht. Möglichkeiten und Grenzen der Interessenwahrnehmung vor allem in den einzelnen Stadien der Planaufstellung und im baurechtlichen Genehmigungsverfahren stehen im Mittelpunkt der Darstellung. Dabei wird auch auf die Fragen der gerichtlichen Interessenwahrnehmung eingegangen. Mit den Nachweisen von Rechtsprechung und Literatur wird keine Vollständigkeit angestrebt. Dokumentiert werden soll der aktuelle Meinungsstand. Die Hinweise sollen eine vertiefte Behandlung von Einzelfragen erleichtern.

Stuttgart, im November 1992   Michael Uechtritz

INHALTSVERZEICHNIS

Seite

I. Der Regelungsgegenstand des öffentlichen Baurechts ... 1

   1. Die Abgrenzung öffentliches/privates Baurecht ... 1

   2. Zur Einteilung des öffentlichen Baurechts ... 3

      a) Gesetzgebungskompetenzen ... 3

      b) Die bundesrechtlichen Regelungen ... 4

      c) Die landesrechtlichen Regelungen ... 5

      d) Die Rechtslage in den neuen Bundesländern ... 6

   3. Verfassungsrechtliche Vorgaben: "Baufreiheit" ... 7

II. Das Städtebaurecht ... 10

   1. Die Bauleitplanung ... 10

      a) Allgemeines ... 10

      b) Der Bebauungsplan ... 13

          aa) Rechtsnatur und Bedeutung ... 13

          bb) Zulässige Arten von Festsetzungen ... 15

              (1) Art der baulichen Nutzung ... 16

              (2) Maß der baulichen Nutzung ... 20

              (3) Die überbaubaren Grundstücksflächen ... 26

Seite

    c) Vorhaben und Erschließungsplan (VEP)   27

        aa) Allgemeines   27

        bb) Rechtsnatur des VEP und Aufstellungsverfahren   29

        cc) Ungeklärte Eigentumsverhältnisse im Geltungsbereich eines Vorhaben- und Erschließungsplans   33

2. Das Planaufstellungsverfahren   38

    a) Planaufstellungsverfahren und Interessenwahrnehmungen   38

        aa) Initiierung eines Planaufstellungsverfahrens   38

        bb) Tätigkeit im laufenden Verfahren   40

    b) Der Verfahrensgang   41

        aa) Der Planaufstellungsbeschluß   41

        bb) Die vorgezogene Bürgerbeteiligung   43

        cc) Die Beteiligung der Träger öffentlicher Belange   45

        dd) Das förmliche Planauslegungsverfahren   48

        ee) Der Satzungsbeschluß   54

        ff) Das Genehmigungs- und Anzeigeverfahren gemäß § 11 BauGB   55

        gg) Das Inkrafttreten des Bebauungsplans   58

3. Rechtliche Bindung der Bauleitplanung   59

    a) Das Planungsgebot des § 1 Abs. 3 BauGB   59

    b) Anpassung an die Ziele der Raumordnung und Landesplanung   62

Seite

- c) Das zwischengemeindliche Abstimmungsgebot   64
- d) Die Planungsleitsätze des § 1 Abs. 5 BauGB   65
- e) Das Abwägungsgebot des § 1 Abs. 6 BauGB   66

4. Gerichtliche Kontrolle der Bauleitplanung   67
   - a) Das Normenkontrollverfahren nach § 47 VwGO   68
   - b) Die einstweilige Anordnung gemäß § 47 Abs. 8 VwGO   72
   - c) Die inzidente Plankontrolle   75

5. Entschädigungsfragen (§§ 39 bis 44 BauGB)   76
   - a) Ersatz des Vertrauensschadens nach § 39 BauGB   77
   - b) Entschädigungsansprüche nach §§ 40, 41 BauGB   78
   - c) Entschädigung bei Änderung oder Aufhebung einer zulässigen Nutzung (§ 42 BauGB)   80

6. Sicherung der Bauleitplanung   84
   - a) Die Veränderungssperre   85
   - b) Die Zurückstellung von Baugesuchen nach § 15 BauGB   89
   - c) Die Teilungsgenehmigung   90
   - d) Die gemeindlichen Vorkaufsrechte   95
     - aa) Das allgemeine Vorkaufsrecht des § 24 BauGB   96
     - bb) Das besondere Vorkaufsrecht nach § 25 BauGB   97

			Seite
	cc)	Vorkaufsrechte nach dem BauGB-MaßnG	97
	dd)	Verfahrensfragen	98
7.	Verwirklichung der Bauleitplanung		100
	a)	Bodenordnende Maßnahmen: Umlegung und Grenzregelung	100
		aa) Die Umlegung	100
		bb) Die Grenzregelung	103
	b)	Die Enteignung	104
8.	Die planungsrechtliche Zulässigkeit von Vorhaben		106
	a)	Allgemeines	106
	b)	Vorhaben im Geltungsbereich eines qualifizierten Bebauungsplans: § 30 Abs. 1 BauGB	108
		aa) Ausnahmen nach § 31 Abs. 1 BauGB	109
		bb) Befreiungen nach § 31 Abs. 2 BauGB	110
	c)	Die Zulässigkeit von Vorhaben im Innenbereich (§ 34 BauGB)	115
		aa) § 34 Abs. 1 BauGB	117
		bb) § 34 Abs. 2 BauGB	121
		cc) § 34 Abs. 3 BauGB	122
		dd) Änderungen durch das BauGB-MaßnG	123
	d)	Die Zulässigkeit von Vorhaben im Außenbereich (§ 35 BauGB)	123
		aa) § 35 Abs. 1 BauGB	124
		bb) § 35 Abs. 2 BauGB	125
		cc) § 35 Abs. 4 BauGB	126
	e)	Die Zulässigkeit von Vorhaben während der Planaufstellung (§ 33 BauGB)	127

Seite

III. Das bauordnungsrechtliche Genehmigungsverfahren 129

1. Allgemeines 129

2. Genehmigungsbedürftige Maßnahmen 129

   a) Der Begriff der baulichen Anlage 130

   b) Genehmigungsfreie Vorhaben 132

   c) Änderungsmaßnahmen an baulichen Anlagen 134

   d) Nutzungsänderungen 135

   e) Spezialgesetzliche Genehmigungen mit Konzentrationswirkung 138

   f) Genehmigungskonkurrenz 139

3. Genehmigungsantrag 140

   a) Antragsinhalt 140

   b) Antragsberechtigter 142

   c) Mehrfache Antragstellung 143

4. Verfahrensgang 144

5. Die Genehmigungserteilung 146

6. Die Bauvoranfrage 149

   a) Anwendungsbereich 149

   b) Rechtsnatur 150

   c) Verfahrensfragen 151

7. Baugenehmigung und nachbarliche Einwendungen 152

   a) Allgemeines 152

   b) Nachbareinwendungen im Genehmigungsverfahren 153

Seite

- c) Widerspruch nach Genehmigungserteilung 155

- d) Die Situation im Fall des § 10
  Abs. 2 BauGB-MaßnG 157

- e) Rechtsschutz im Hauptsacheverfahren 159

IV. Eingriffsbefugnisse der Baurechtsbehörden 160

1. Die baupolizeiliche Generalklausel 160

2. Die Nutzungsuntersagung 162

3. Die Abbruchanordnung 163

4. Anspruch eines Nachbarn auf Einschreiten 164

I. Der Regelungsgegenstand des öffentlichen Baurechts

1. Die Abgrenzung öffentliches/privates Baurecht

Das "Baurecht" im umfassenden Sinne enthält die Rechtsvorschriften, die sich auf die Ordnung der Bebauung und die Rechtsverhältnisse der an der Erstellung eines Bauwerks Beteiligten beziehen.

> Vgl. Locher, Das private Baurecht,
> 4. Aufl., 1988, S. 1.

Vom öffentlichen Baurecht ist das private Baurecht zu unterscheiden, das auf der Ebene der Gleichordnung die Rechtsbeziehungen der Privatrechtssubjekte zueinander regelt. Das private Baurecht erfaßt das private Bauvertragsrecht, also die Rechtsbeziehungen derjenigen, die an Planung und Erstellung eines Bauwerks beteiligt sind (z.B. Bauherr, Bauunternehmer, Architekt und Sonderfachleute wie Statiker etc.). Herkömmlicherweise werden zum privaten Baurecht auch die Rechtsbeziehungen zu nicht am Bau beteiligten Dritten, z.B. Nachbarn, gerechnet.

> Vgl. Locher, aaO, S. 4.

Diese werden bestimmt durch die eigentumsrechtlichen Bestimmungen des bürgerlichen Gesetzbuchs (BGB), besonders durch § 903 BGB und das zivilrechtliche Nachbarrecht, das teils im BGB, teils in den Nachbarrechtsgesetzen der einzelnen Länder geregelt ist.

Die Unterscheidung zwischen öffentlichem und privatem Baurecht schließt nicht aus, daß zahlreiche Berührungspunkte bzw. Überschneidungen zwischen diesen Regelungsmaterien bestehen. So muß der Architekt als Grundleistung nach § 15 HOAI die Genehmigungsplanung erbringen, d.h. die Vorlagen für die nach den öffentlich-rechtlichen Vorschriften erforderlichen Genehmigungen. Der Architekt schuldet aufgrund seines (privatrechtlichen) Architektenvertrages eine (öffentlich-rechtlich) genehmigungsfähige Planung.

> Vgl. OLG Düsseldorf BauR 1986, 488.

Dies erfordert zumindest Grundkenntnisse des öffentlichen Baurechts. Weitere Überschneidungen ergeben sich dadurch, daß öffentlich-rechtliche Nutzungsbeschränkungen eines Bauwerks einen Sachmangel gemäß §§ 633, 634 BGB darstellen können.

> BGH BauR 1989, 414.

Öffentlich-rechtliche Normen (z.B. Festsetzungen eines Bebauungsplans oder ordnungsrechtliche Vorschriften über die einzuhaltenden Abstände) können Schutzgesetze i.S.d. § 823 Abs. 2 BGB sein und folglich zivilrechtliche Abwehransprüche begründen.

> Vgl. Kleinlein, Das System des Nachbarrechts, 1986, 140 ff;
> ders. behandelt auch umfassend das
> - umstrittene - Verhältnis von öffentlich-rechtlichem und privatem Nachbarrecht.

Diese Beispiele verdeutlichen, daß auch derjenige, der überwiegend mit dem privaten Baurecht befaßt ist, seine Aufgaben ohne Kenntnisse des öffentlichen Baurechts nur unzureichend erfüllen kann.

2. Zur Einteilung des öffentlichen Baurechts

Das öffentliche Baurecht ist eine zersplitterte Rechtsmaterie. Die wesentlichen Vorschriften finden sich in unterschiedlichen Gesetzen bzw. Verordnungen.

> Vgl. hierzu ausführlich
> Lenz/Heintz, Öffentliches Baurecht,
> RWS-Skript 231, 1992, S. 1 ff.

Die Zersplitterung rührt zum einen daher, daß Teile des öffentlichen Baurechts in die Regelungskompetenzen des Bundes, andere Teile in diejenige der Länder fallen. Darüber hinaus bestehen fortdauernde Besonderheiten in den neuen Bundesländern. Auch die bundesrechtlichen Normierungen müssen unterschiedlichen Regelungswerken entnommen werden.

a) Gesetzgebungskompetenzen

Gemäß Art. 74 Nr. 18 GG hat der Bund die konkurrierende Gesetzgebung für den Grundstücksverkehr, das Bodenrecht und das landwirtschaftliche Pachtwesen, das Wohnungswesen, das Siedlungs- und Heimstättenwesen;

In seinem Rechtsgutachten vom 16.6.1954 hat das Bundesverfassungsgericht,

> BVerfGE 3, 407 ff,

ausgeführt, diese Kompetenznorm gestatte dem Bund die Regelung der städtebaulichen Planung, der Baulandumlegung, der Zusammenlegung von Grundstücken, der Bodenbewertung, des Bodenverkehrsrechts und des Erschließungsrechts. Das "Baupolizeirecht" im herkömmlichen Sinne (grundsätzliche Anforderungen baukonstruktiver, baugestalterischer Art; die Grundlagen des Genehmigungsverfahrens sowie die Pflicht zur ordnungsgemäßen Unterhaltung) werde von der Kompetenzzuweisung des Art. 74 Nr. 18 GG nicht gedeckt. Basierend auf diesem Gutachten des Bundesverfassungsgerichts hat sich die Zweiteilung von dem bundesrechtlich geregelten Städtebaurecht (Bauplanungsrecht) und dem landesrechtlich geregelten Bauordnungsrecht entwickelt. Das Bauplanungsrecht legt die Nutzung des Raumes innerhalb einer Gemeinde durch diese fest. Es ist flächenbezogen. Es befaßt sich mit dem Einfügen eines Bauvorhabens in seine Umgebung. Das Bauordnungsrecht enthält in seinem materiellrechtlichen Teil die ordnungsrechtlichen Anforderungen an ein konkretes Bauwerk sowie in seinem formellen Teil das Genehmigungsverfahren. Es ist objektbezogen.

> Vgl. Uechtritz, Das öffentliche Baurecht,
> S. 861, in: Messerschmidt (Hrsg.),
> Deutsche Rechtspraxis, 1991, und
> Gelzer/Birk, Bauplanungsrecht,
> 5. Aufl., 1991, Rz. 6 f.

b) **Die bundesrechtlichen Regelungen**

Das bundesrechtliche Städtebaurecht ist im Baugesetzbuch (BauGB) geregelt. Wesentlich ergänzt wird es durch die Baunutzungsverordnung (BauNVO). Diese bildet den materiellen Rahmen, den die Gemeinden bei der Aufstellung ihrer Bebauungspläne einzuhalten haben.

> Fickert/Fieseler, BauNVO,
> 7. Aufl., 1992, S. 1.
> Die Gemeinden können in Bebauungsplänen nur solche Gebietsarten und
> Maßvorschriften festsetzen, die von
> der BauNVO vorgegeben sind.

An weiteren bundesgesetzlichen Regelungen sind die Planzeichenverordnung und die Wertermittlungsverordnung (WertV) zu erwähnen.

Ferner ist auf das Maßnahmengesetz zum Baugesetzbuch (BauGB-MaßnG) vom 17.5.1990 hinzuweisen.

> Zum Inhalt vgl.
> Moench, NVwZ 1990, 918 ff, und
> Jäde, UPR 1991, 50.

Das BauGB-MaßnG enthält zeitlich befristete Änderungen und Ergänzungen des Baugesetzbuches, mit dem Ziel, den Wohnungsbau zu erleichtern und zu beschleunigen.

c) <u>Die landesrechtlichen Regelungen</u>

Das Bauordnungsrecht ist in den einzelnen Bundesländern durch die jeweiligen Bauordnungen geregelt.

> Vgl. den Überblick bei
> Uechtritz, Baugenehmiungsverfahren,
> Rz. 1, in: Redeker/Uechtritz (Hrsg.),
> Anwaltshandbuch für Verwaltungsverfahren, 1992.

Die Bauordnungen enthalten die Vorschriften über die Errichtung (also das Genehmigungsverfahren) sowie über Unterhaltung, Änderung, Nutzung und den Abbruch von baulichen Anlagen. Da die einzelnen Landesbauordnungen im wesentlichen der sogenannten "Musterbauordnung" entsprechen,

> vgl. dazu Ley, NVwZ 1983, 599;
> zur Neufassung der Musterbauordnung vom 4.5.1990 vgl.
> Böckenförde/Temme/Krebs, Düsseldorf 1990,

stimmen die Bauordnungen im Aufbau sowie hinsichtlich der verwendeten Begriffe und der materiellen ordnungsrechtlichen Anforderungen weitgehend überein. In der folgenden Darstellung wird daher beispielhaft überwiegend auf die

Landesbauordnung Baden-Württemberg verwiesen. Die Bauordnungen der anderen Bundesländer enthalten regelmäßig inhaltlich weitgehend gleichlautende Bestimmungen.

d) **Die Rechtslage in den neuen Bundesländern**

In den neuen Bundesländern gilt grundsätzlich das bundesrechtliche Bauplanungsrecht, allerdings nach dem Einigungsvertrag mit den Maßgaben des § 246 a BauGB bzw. § 26 a BauNVO.

> Einzelheiten bei
> Lenz/Heintz, aaO, S. 6 ff.

Hinzuweisen ist besonders auf § 246 a Abs. 1 Nr. 6 BauGB, wonach das Rechtsinstitut des Vorhaben- und Erschließungsplans,

> dazu näher unten II 1,

welches in § 55 der Bauplanungs- und Zulassungsverordnung der DDR enthalten war, weiterhin Anwendung findet.

Das Bauordnungsrecht hatte die ehemalige DDR nach der Wende,

> zur Gesetzgebung der ehemaligen DDR vgl.
> Lenz/Heintz, aaO, S. 6 ff,

im Gesetz über die Bauordnung vom 20.7.1990,

> GBl I Nr. 50, S. 929,

geregelt. Da es sich bei diesem Gesetz um eine Materie handelt, die nach der Kompetenzordnung des Grundgesetzes Landesrecht ist, gilt die Bauordnung der ehemaligen DDR gemäß

Art. 9 des Einigungsvertrages als Landesrecht fort - solange bis die neuen Bundesländer jeweils eigene neue Landesbauordnungen erlassen haben. Im ehemaligen Ostteil von Berlin gilt gemäß Bekanntmachung vom 14.9.1990,

> GVABl S. 118,

die Berliner Bauordnung vom 28.2.1950 in der jeweils geltenden Fassung.

3. Verfassungsrechtliche Vorgaben: "Baufreiheit"

Seit ca. zwei Jahrzehnten ist im Schrifttum eine Debatte über die sogenannte "Baufreiheit" im Gange.

> Zusammenfassend dazu in jüngster Zeit
> Leisner, DVBl 1992, 1065 ff.

Im Kern geht es dabei um die Frage, ob die Befugnis eines Eigentümers, seinen Grund und Boden baulich nutzen zu können, dem Schutz des Art. 14 Abs. 1 GG unterfällt, oder ob sein Baurecht nur auf staatlicher Verleihung beruht.

> Grundsätzlich in diesem Sinne
> Schmidt-Aßmann, Grundfragen des
> Städtebaurechts, 1972, S. 89 ff;
> siehe auch Breuer, Die Bodennutzung im Spannungsfeld zwischen Städtebau und Eigentumsgarantie, 1976, S. 162 ff.

Für die Praxis besitzt dieser Streit nur beschränkte Bedeutung.

> So auch Erbguth, Bauplanungsrecht,
> 1989, Rz. 16.

Eine unbeschränkte "Baufreiheit", eine Befugnis des Grundstückseigentümers, mit seinem Eigentum nach Belieben zu verfahren, gibt es nach der Rechtsordnung der Bundesrepublik Deutschland (unstreitig) nicht. Auch die herrschende Meinung, die die Baufreiheit durch Art. 14 Abs. 1 GG garantiert sieht, anerkennt, daß die baulichen Nutzungsmöglichkeiten nur nach Maßgabe des Planungsrechts bestehen, die Baufreiheit also durch das Bauplanungsrecht beschränkt und ausgestaltet wird. Die Befugnis eines Eigentümers zur Errichtung baulicher Anlagen besteht nur, soweit die Anlage in Übereinstimmung mit den Festsetzungen eines Bebauungsplans oder - beim Fehlen eines solchen - in Übereinstimmung mit den Zulässigkeitserfordernissen der Planersatzvorschriften der §§ 34, 35 BauGB steht.

In verfahrensrechtlicher Hinsicht steht die "Baufreiheit" unter einem präventivem Verbot mit Erlaubnisvorbehalt. Alle Bauordnungen,

vgl. z.B. § 60 BauO NW,

bestimmen, daß die Errichtung baulicher Anlagen grundsätzlich genehmigungspflichtig ist.

Alle Bauordnungen enthalten einen Katalog von Ausnahmetatbeständen, bei denen eine Genehmigungspflicht nicht besteht. Bundesrechtlich ist der Landesgesetzgeber gehindert, Bauvorhaben mit größerer städtebaulicher Relevanz für genehmigungsfrei zu erklären;

vgl. BVerwG, NVwZ 1986, 208, 214.

Das Erfordernis einer Baugenehmigung bedeutet die Errichtung einer formellen Sperre für die bauliche Bodennutzung. Sie ermöglicht eine präventive Kontrolle durch die Genehmigungsbehörde, die im Genehmigungsverfahren prüfen muß, ob das Vorhaben den baurechtlichen Bestimmungen entspricht. Die Baugenehmigung wird als gebundene Erlaubnis gekennzeichnet, d.h. der Bauwillige hat einen Rechtsanspruch auf Erteilung der Genehmigung, soweit das Vorhaben den öffentlich-rechtlichen Bestimmungen entspricht.

>Vgl. Gädtke/Böckenförde/Temme, Landesbauordnung Nordrhein-Westfalen, 8. Aufl., 1989, § 70 Rz. 1;
>zur Frage des Prüfungsumfangs im Genehmigungsverfahren näher unten III 4.

II. Das Städtebaurecht

1. Die Bauleitplanung

a) Allgemeines

Wie oben bereits ausgeführt, besteht die "Baufreiheit" nur nach Maßgabe des Bauplanungsrechts. Die Frage, ob eine bestimmte bauliche Nutzung ihrer Art nach auf einem Grundstück zulässig ist, bestimmt sich nach dem BauGB: Soweit das Grundstück im Geltungsbereich eines Bebauungsplans (§ 30 BauGB) liegt, nach dessen Festsetzungen, andernfalls nach den Bestimmungen der §§ 34 und 35 BauGB.

Mit der Bauleitplanung wird die bauliche und sonstige Nutzung der Grundstücke eines Gebietes vorbereitet und geleitet (§ 1 Abs. 1 BauGB). Die Bauleitplanung ist eine räumliche Gesamtplanung. Sie zeichnet sich durch ihren Querschnittsbezug aus. Anders als die Fachplanung, die auf die Verfolgung eines einzelnen öffentlichen Belangs gerichtet ist, z.B. ein straßenrechtliches Planfeststellungsverfahren auf die Errichtung einer Verkehrsanlage; ein wasserrechtliches Planfeststellungsverfahren auf die Anlage oder Veränderung eines Gewässers, zielt die Gesamtplanung auf eine Koordinierung. Sie hat ein funktionsfähiges Gesamtkonzept für einen räumlich abgegrenzten Raum zu entwickeln und innerhalb dieses Raumes Konkurrenzen und Konflikte unterschiedlicher Nutzungen zum Ausgleich zu bringen.

> Vgl. Erbguth, aaO, Rz. 62 ff, und
> Gaentzsch, Berliner Kommentar,
> Band 1, 1988, § 1 Rz. 7.

Träger der Bauleitplanung sind die Gemeinden. Diesen ist nach § 2 Abs. 1 BauGB aufgegeben, die Bauleitpläne in eigener Verantwortung aufzustellen. Die Bauleitplanung ist den Gemeinden als Selbstverwaltungsaufgabe im eigenen Wirkungskreis zugewiesen. Sie unterliegt nicht der staatlichen Fachaufsicht. In räumlicher Hinsicht ist sie von der - übergeordneten - Raumordnung und Landesplanung zu unterscheiden. Nach § 1 Abs. 4 BauGB sind die Bauleitpläne den Zielen der Raumordnung und Landesplanung anzupassen.

Die Bauleitplanung ist zweistufig aufgebaut; das BauGB kennt daher zwei Arten von Bauleitplänen: den Flächennutzungsplan und den Bebauungsplan. Diese unterscheiden sich im räumlichen Geltungsbereich, im Grad der Konkretisierung der Festsetzungen bzw. Darstellungen sowie in der Rechtsform und den Rechtswirkungen.

Der Flächennutzungsplan enthält das vorbereitende, auf das ganze Gemeindegebiet bezogene Bodennutzungskonzept. Im Flächennutzungsplan ist für das gesamte Gemeindegebiet die sich aus der beabsichtigten städtebaulichen Entwicklung ergebende Art der Bodennutzung nach den voraussehbaren Bedürfnissen der Gemeinde in den Grundzügen darzustellen (§ 5 Abs. 1 BauGB). Sein Aussagegehalt beschränkt sich auf die Darstellung von Grundzügen, die der Entwicklung und Konkretisierung zu verbindlichen Festsetzungen auf der zweiten Stufe der Bauleitplanung bedürfen (§ 8 Abs. 2 BauGB).

Die Rechtsnatur des Flächennutzungsplans wird als "ungelöst" bezeichnet.

> So Gelzer/Birk, aaO, Rz. 55;
> zur Rechtsnatur siehe auch
> Ernst/Hoppe, Das öffentliche Bau-
> und Bodenrecht, Raumplanungsrecht,
> 2. Aufl., 1981, Rz. 280.

Unstreitig ist der Flächennutzungsplan keine Rechtsnorm und kein Verwaltungsakt. Er entfaltet also keine unmittelbare rechtliche Außenwirkung. Er bindet aber - im Rahmen des § 8 BauGB - die Gemeinde für die nachfolgende Planungsstufe, den Bebauungsplan. Im Schrifttum wird der Flächennutzungsplan überwiegend als "hoheitliche Maßnahme eigener Art" bezeichnet.

Vgl. Gelzer/Birk, aaO, Rz. 55.

Zur Frage, wann eine Abweichung, die das planerische Grundkonzept des Flächennutzungsplans berührt, vorliegt,

vgl. BVerwG BauR 1975, 256;
OVG Rheinland-Pfalz BRS 32 Nr. 10, und
HessVGH BRS 46 Nr. 9.

Der zulässige Inhalt eines Flächennutzungsplans ergibt sich aus § 5 Abs. 2 Nr. 1 bis 10 BauGB. In ihm sind die <u>Bodennutzungsarten</u> (so z.B. Bauflächen und Baugebiet, Flächen für Anlagen des Gemeinbedarfs, Verkehrsflächen etc.) "darzustellen". Wegen der fehlenden rechtlichen Außenwirkung bezeichnet das Gesetz die Aussagen des Flächennutzungsplans als "Darstellungen".

Die zweite Stufe der Bauleitplanung bildet der <u>Bebauungsplan</u>. Dieser enthält die rechtsverbindlichen Festsetzungen für die städtebauliche Ordnung in seinem Geltungsbereich. Er wird als gemeindliche Satzung beschlossen (§ 10 BauGB) und entfaltet unmittelbare Außenwirkung, d.h. er bindet die betroffenen Grundstückseigentümer. Regelmäßig werden Bebauungspläne nur für Teilgebiete einer Gemeinde aufgestellt.

Nur in Ausnahmefällen, bei sehr kleinen Gemeinden, besteht die Möglichkeit, einen Bebauungsplan für das gesamte Gemeindegebiet aufzustellen.

Der Bebauungsplan ist "parzellenscharf". Dies bedeutet, für die von ihm erfaßten Flächen (in der Regel eine Mehrzahl von Baugrundstücken; möglich ist aber auch die Aufstellung eines Bebauungsplans nur für ein einzelnes Baugrundstück oder Teile eines solchen) wird festgelegt, welche Nutzung zulässig ist.

Im Hinblick auf die Tatsache, daß die Festsetzungen eines Bebauungsplans für die einzelnen Grundstücke verbindlich die zulässige Bodennutzung regeln, der Flächennutzungsplan demgegenüber nur vorbereitenden Charakter hat, wird der mit Fragen der Bauleitplanung befaßte Jurist in aller Regel nur mit Problemen konfrontiert, die sich aus der Aufstellung, Änderung oder gegebenenfalls rechtlichen Überprüfung von Bebauungsplänen ergeben. Die folgende Darstellung konzentriert sich daher auf das Recht des Bebauungsplans.

b) Der Bebauungsplan

aa) Rechtsnatur und Bedeutung

Der Bebauungsplan, der als gemeindliche Satzung beschlossen wird (§ 10 BauGB) ist eine kommunale Rechtsnorm. Das Gesetz unterscheidet in § 30 BauGB den sogenannten "qualifizierten" Bebauungsplan (§ 30 Abs. 1 BauGB) und den "einfachen" Bebauungsplan (§ 30 Abs. 2 BauGB). Ein qualifizierter Bebauungsplan muß mindestens Festsetzungen über die Art und das Maß der baulichen Nutzung, die überbaubaren Grundstücksflächen und die örtlichen Verkehrsflächen enthalten. Trifft ein Bebauungsplan nicht alle in § 30 Abs. 1 BauGB erwähnten Festsetzungen, so handelt es sich nur um einen sogenannten einfachen Bebauungsplan. Durch einen solchen Plan wird nicht abschließend über die zulässige Bodennutzung in seinem Geltungsbereich entschieden. Ergänzend ist zur Bestimmung der zulässigen baulichen Nutzung je nach Lage des konkreten Grundstücks auf §§ 34 bzw. 35 BauGB zurückzugreifen.

Die große rechtliche Bedeutung des Bebauungsplans liegt darin, daß dieser Inhalt und Schranken des Eigentums konkretisiert. Sowohl die Genehmigungstatbestände des Baugesetzbuchs als auch dessen Eingriffstatbestände knüpfen weitgehend an die planerischen Festsetzungen an.

> Vgl. Wohlgemuth, Bebauungsplanverfahren, Rz. 4, in: Redeker/Uechtritz, Anwaltshandbuch.

Die Festsetzungen des Bebauungsplans enthalten (gegebenenfalls bei einfachen Bebauungsplänen in Verbindung mit § 34 bzw. § 35 BauGB) den Zulässigkeitsmaßstab für Bauvorhaben nach § 29 im Plangebiet. Sie bestimmen die Grenze für die Zulässigkeit von Planabweichungen (§ 31 Abs. 2 Nr. 2 BauGB). Sie ermöglichen Eingriffe in der Form von Bodenordnungsmaßnahmen (Umlegung und Grenzregelung gemäß §§ 45 ff BauGB). Der Bebauungsplan gestattet Enteignungsmaßnahmen (§§ 85 ff BauGB). Er ist weiter die Grundlage von Planverwirklichungsgeboten, so für ein Baugebot nach § 176 BauGB, für ein Pflanzgebot nach § 178 BauGB sowie für ein auf § 179 Abs. 1 BauGB gestütztes Abbruchgebot. Weiter ist der Bebauungsplan die Voraussetzung für die Durchführung von Erschließungsanlagen. Deren Herstellung setzt gemäß § 125 Abs. 1 BauGB regelmäßig einen Bebauungsplan voraus.

Der Bebauungsplan verteilt durch seine Nutzungszuweisungen gleichsam Eigentum- und Entwicklungschancen.

> BGHZ 67, 320, 328;
> siehe auch
> Wohlgemuth, aaO, Rz. 42.

Seinen Festsetzungen kann eine außerordentliche wirtschaftliche Bedeutung zukommen: Die Frage, ob ein Grundstück in den Geltungsbereich eines Bebauungsplans einbezogen und somit seine bauliche Nutzung ermöglicht wird (oder ob es im

Außenbereich nach § 35 BauGB verbleibt und regelmäßig nicht bebaubar ist), ist entscheidend für den wirtschaftlichen Wert eines Grundstücks. Nutzungsmöglichkeiten können durch Aufstellung bzw. Änderung eines Bebauungsplans erweitert oder begrenzt werden. Dies gilt auch dann, wenn die planerischen Festsetzungen nicht das eigene Grundstück erfassen, sondern "nur" für benachbarte Flächen gelten.

Beispiel: Wird in der Nähe eines Industriebetriebes eine störanfällige Wohnnutzung zugelassen, so kann die Realisierung dieser Nutzung dazu führen, daß die industrielle Nutzung später erheblichen Beschränkungen unterworfen wird.

bb) Zulässige Arten von Festsetzungen

Welche Art von Festsetzungen in einem Bebauungsplan getroffen werden können, ergibt sich aus § 9 Abs. 1 BauGB. Als geeignete Festsetzungsmittel kommen Zeichnung, Farbe, Schrift oder Text in Betracht. Der planaufstellenden Gemeinde steht es frei, welches Festsetzungsmittel sie wählt. Der Bebauungsplan muß nicht in jedem Fall ein Plan im zeichnerischen Sinne sein, sondern kann sich auch auf textliche Festsetzungen beschränken.

> Vgl. Battis/Krautzberger/Löhr, BauGB,
> 3. Aufl., 1991, § 9 Rz. 2.

Die Planaussagen, gleich in welcher Form sie getroffen sind, müssen klar und unmißverständlich sein. Aus dem Bebauungsplan selbst (ohne zusätzliche Erläuterungen) muß sich der Inhalt der Festsetzungen zweifelsfrei bestimmen lassen.

> Vgl. Battis/Krautzberger/Löhr, aaO,
> § 9 Rz. 2 m.w.N.;
> vgl. auch OVG NW BauR 1990, 449.

Fehlt es an der hinreichenden Klarheit der planerischen Aussagen, so führt dies zur Nichtigkeit des Bebauungsplans. Wählt die Gemeinde als Festsetzungsmittel die Planzeichnung, so ist sie an die gemäß § 2 Abs. 5 Nr. 4 BauGB erlassene Planzeichenverordnung gebunden. Nur insoweit für bestimmte Festsetzungen in der Planzeichenverordnung kein Planzeichen vorhanden ist, kann die Gemeinde eigene Zeichen verwenden. Auch bezüglich dieser Zeichen gilt das oben erwähnte Gebot der hinreichenden Planklarheit.

(1)   Die Art der baulichen Nutzung

Die wichtigsten Festsetzungen in einem Bebauungsplan sind die gemäß § 9 Abs. 1 Nr. 1 BauGB zu treffenden Festsetzungen hinsichtlich Art und Maß der baulichen Nutzung. Das BauGB selbst definiert den Begriff der "Art der baulichen Nutzung" nicht. § 2 Abs. 5 Nr. 1 BauGB ermächtigt jedoch den Bundesminister für Raumordnung, Bauwesen und Städtebau durch Rechtsverordnung Vorschriften zu erlassen über Festsetzungen der Art und des Maßes der baulichen Nutzung in den Bauleitplänen. Von dieser Möglichkeit wurde in § 1 BauNVO Gebrauch gemacht. Nach § 1 Abs. 3 Satz 1 BauNVO hat die Festsetzung der Art der baulichen Nutzung durch die Festsetzung eines der in § 1 Abs. 2 BauNVO aufgezählten Baugebiete zu erfolgen. Es gilt ein numerus clausus der Festsetzungen. Die planaufstellende Gemeinde ist an die Gebietstypen, die die BauNVO vorgibt, gebunden. Danach können hinsichtlich der Art der baulichen Nutzung festgesetzt werden:

-    Kleinsiedlungsgebiet (WS),

-    Reines Wohngebiet (WR),

-    Allgemeines Wohngebiet (WA),

- Besonderes Wohngebiet (WB),

- Dorfgebiet (MB),

- Mischgebiet (MI),

- Kerngebiet (MK),

- Gewerbegebiet (WE),

- Industriegebiet (GE),

- Sondergebiet (SO).

Will eine Gemeinde also in einem Bebauungsplan die Art der baulichen Nutzung für ein Gebiet festsetzen, so ist sie daran gebunden, eines der in der BauNVO vorgesehenen Baugebietstypen festzusetzen. Welche Nutzungsart dann im einzelnen zulässig ist, ergibt sich aus der BauNVO. Trifft die Gemeinde z.B. die Festsetzung "Allgemeines Wohngebiet" (WA), so ergibt sich aus § 4 BauNVO, welche Arten von Nutzungen in einem Wohngebiet regelmäßig zulässig sind.

Es sind dies: Wohngebäude, die der Versorgung des Gebiets dienenden Läden, Schank- und Speisewirtschaften sowie nicht störende Handwerksbetriebe und Anlagen für kirchliche, kulturelle, soziale, gesundheitliche und sportliche Zwecke.

Gleichzeitig ergibt sich aus § 4 BauNVO, welche Nutzungsarten in einem solchen allgemeinen Wohngebiet _ausnahmsweise_ zugelassen werden können.

Es sind dies: Betriebe des Beherbergungsgewerbes, sonstige nicht störende Gewerbebetriebe, Anlagen für Verwaltungen, Gartenbaubetriebe und Tankstellen.

Andere Nutzungsarten, die nicht dem Katalog des § 4 BauNVO unterfallen, sind in dem entsprechend festgesetzten Gebiet nicht zulässig.

Durch die Festsetzung eines der zehn Baugebiete, die § 1 Abs. 2 BauNVO aufzählt, werden die das festgesetzte Baugebiet konkretisierenden Bestimmungen der §§ 2 bis 14 BauNVO zum Bestandteil des Bebauungsplans - und zwar jeweils in der Fassung, die zu dem Zeitpunkt gilt, zu dem der jeweilige Bebauungsplan ausgelegt wurde.

>Vgl. hierzu
>Finkelnburg/Ortloff, Öffentliches Baurecht, Band 1: Bauplanungsrecht, 2. Aufl., 1990, S. 80.

Dies bedeutet folgendes: Derjenige, der den Festsetzungsgehalt eines Bebauungsplans ermitteln möchte, muß prüfen, welche Fassung der BauNVO hinsichtlich dieses Bebauungsplans anwendbar ist. Die BauNVO, die in ihrer ursprünglichen Fassung erstmals 1962 in Kraft trat, wurde zwischenzeitlich mehrfach geändert.

Es gibt die ursprüngliche Fassung vom 26.6.1962, die Fassung vom 26.11.1968, vom 15.9.1977, vom 19.12.1986 und 23.1.1990.

Die Bestimmungen der §§ 2 bis 15 BauNVO haben dabei Änderungen erfahren. Dies gilt z.B. für die Frage, ob und inwieweit Vergnügungsstätten in den einzelnen Baugebieten zulässig sind. Auch § 11 BauNVO wurde (bezüglich der Zulässigkeit von großflächigen Einzelhandelsbetrieben) mehrfach geändert. Im Hinblick darauf, daß die Inbezugnahme auf die Baugebietstypen der §§ 2 bis 15 BauNVO in einem Bebauungsplan <u>statisch</u> ist, mußdie jeweils geltende (also unter Umständen auch eine "alte" Fassung der BauNVO) herangezogen werden.

Hieraus folgt, daß § 25 c Abs. 3 BauNVO, wonach die Bestimmungen der neuesten Fassung der BauNVO vom 23.1.1990 auch für die früheren Fassungen der BauNVO anwendbar sein sollen, nach ganz herrschender Auffassung unwirksam ist;

vgl. OVG NW BauR 1992, 336;
Gelzer/Birk, aaO, Rz. 763;
Fickert/Fieseler, BauNVO,
7. Aufl., 1992, § 25 c Rz. 16;
siehe auch BVerwG BauR 1992, 472
zur Unwirksamkeit des § 25 c
Abs. 2 BauNVO.

Die Bindung, die den Gemeinden hinsichtlich ihrer Festsetzungsmöglichkeiten durch § 1 Abs. 2, Abs. 3 BauNVO aufgegeben ist, wird durch die Gliederungsmöglichkeiten gemäß § 1 Abs. 4, 5 und 9 der BauNVO aufgelockert. Den Gemeinden ist hiernach die Möglichkeit eingeräumt, differenzierte Festsetzungen zu treffen. Nach § 1 Abs. 4 BauNVO besteht eine Gliederungsmöglichkeit nach "besonderen Eigenschaften" der Anlage. Dazu zählt vor allem das Emissionsverhalten der Betriebe. Weitere Gliederungsmöglichkeiten, auch die Möglichkeiten des Ausschlusses bestimmter Nutzungen, ergeben sich aus § 1 Abs. 5 und 9 BauNVO. Zu unterscheiden ist zwischen einzelnen Nutzungen, die in der jeweiligen Baugebietsvorschrift unter einer Nummer zusammengefaßt sind und den Arten der Nutzung, die in einer dieser Nummern einzeln angeführt sind.

Vgl. BVerwG BauR 1987, 527, und
BVerwG BauR 1987, 524;
siehe auch Gelzer/Birk, aaO,
Rz. 643, und
Birk, Bauplanungsrecht in der
Praxis, 2. Aufl., 1992, Rz. 5 ff.

Beim allgemeinen Wohngebiet sind z.B. in § 4 Abs. 2 BauNVO unter der Nummer 3 Anlagen für kirchliche, kulturelle, soziale, gesundheitliche Zwecke angeführt. Die Gemeinde hat die Möglichkeit, die Nutzungen unter dieser Nummer insgesamt als nur ausnahmsweise zulässig festzusetzen oder auch einzelne (Unter-)Arten der Nutzungen dieser Nummer, z.B. die Anlagen für sportliche Zwecke, auszuschließen. § 1 Abs. 9 BauNVO gibt den Gemeinden darüber hinaus die Möglichkeiten, einzelne Unterarten der Nutzung mit planerischen Festsetzungen zu erfassen und gegebenenfalls auszuschließen. Dies ermöglicht es den Gemeinden, beispielsweise einzelne Typen von Sportanlagen und einzelne Sparten von Einzelhandelsbetrieben in einem bestimmten Baugebiet auszuschließen. Voraussetzung hierfür ist lediglich, daß bei Anwendung des § 1 Abs. 9 BauNVO jeweils "besondere städtebauliche Gründe" eine derartige Festsetzung rechtfertigen. Die Voraussetzung für das Vorliegen derartiger "besonderer städtebaulicher Gründe" sind nicht besonders hoch. Wie das Bundesverwaltungsgericht festgestellt hat,

>BVerwG BauR 1987, 524;
>siehe auch Fickert/Fieseler,
>aaO, § 1 BauNVO Rz. 14,

besteht das "Besondere" an den städtebaulichen Gründen nach § 1 Abs. 9 nicht darin, daß diese Gründe von größerem oder im Verhältnis zu § 1 Abs. 5 BauNVO zusätzlichem Gewicht sein müssen. Mit "besonderen" städtebaulichen Gründen in § 1 Abs. 9 BauNVO ist lediglich gemeint, daß es (unter Bezug auf die konkrete Situation) spezielle Gründe für die gegenüber § 1 Abs. 5 BauNVO verfeinerte Differenzierung sein müssen.

(2)   Maß der baulichen Nutzung

Die Festsetzungen über das Maß der baulichen Nutzung (§ 9 Abs. 1 Nr. 1 BauGB) sind neben denjenigen über die Art der Nutzung die wesentlichen, den Städtebau entscheidend prägenden Elemente.

Fickert/Fieseler, aaO,
§ 16 BauNVO Rz. 1;
ausführlich zu den Festsetzungen
eines Bebauungsplans über das
Maß der baulichen Nutzung
Finkelnburg/Ortloff, Öffentliches
Baurecht, Band 1: Bauplanungsrecht,
2. Aufl., 1990, S. 105 ff;
Birk, aaO, Rz. 332 ff,
sowie Lenz/Heintz, Öffentliches
Baurecht, aaO, S. 116 ff.

Durch die Maßfestsetzungen wird die Dichte der Bebauung bestimmt, die ihrerseits von der Länge und Breite (= Fläche) und der Höhe der Baukörper abhängt. Regelungen über das Maß der baulichen Nutzung enthalten die §§ 16 bis 21 a BauNVO. § 16 Abs. 2 BauNVO nennt die zulässigen Festsetzungsarten. Auch hier gilt ein numerus clausus: Andere Festsetzungsarten als die in § 16 Abs. 2 BauNVO genannten sind unzulässig. Nach dieser Bestimmung können festgesetzt werden:

- die Grundflächenzahl oder die Größe der Grundflächen der baulichen Anlagen;

- die Geschoßflächenzahl oder die Größe der Geschoßfläche, die Baumassenzahl oder die Baumasse;

- die Zahl der Vollgeschosse;

- die Höhe der baulichen Anlagen.

Definiert werden diese Begriffe in den §§ 18 bis 21 BauNVO. Ein Bebauungsplan, der Festsetzungen des Maßes der baulichen Nutzung trifft, muß gemäß § 16 Abs. 3 BauNVO stets die Grundflächenzahl oder die Größe der Grundflächen der baulichen Anlagen sowie die Zahl der Vollgeschosse oder die Höhe der baulichen Anlagen, wenn ohne ihre Festsetzung öffentliche Belange, insbesondere das Orts- und Landschaftsbild beeinträchtigt werden können, enthalten.

Grundfläche (GR), Geschoßfläche (GF) und Baumasse (BM) sind absolute Größenwerte. Mit diesen Festlegungen werden nicht die Abmessungen der baulichen Anlagen nach Länge, Breite oder ihrer Lokalisierung an bestimmter Stelle des Bebauungsplans bestimmt. Es handelt sich um absolute Größenwerte ohne räumlichen Bezug.

Fickert/Fieseler, aaO, § 16 Rz. 26.

Mit dieser Festsetzung wird der planaufstellenden Gemeinde ermöglicht, Werte für bauliche Anlagen festzusetzen, unabhängig von der jeweiligen Größe der Grundstücke.

Fickert/Fieseler, aaO, § 16 Rz. 26.

Die Größe der Grundfläche bzw. der Geschoßfläche kann für die einzelne bauliche Anlage festgesetzt werden. So kann bestimmt werden, daß im Plangebiet keine bauliche Anlage eine bestimmte Grundfläche (z.B. 200 m²) bzw. eine bestimmte Geschoßfläche (z.B. 400 m²) überschreiten darf. Möglich ist auch eine Festsetzung, wonach die Summe aller baulichen Anlagen auf einem Baugrundstück die genannten Werte nicht übersteigen darf.

Fickert/Fieseler, aaO, § 16 Rz. 27.

Die Baumasse wird durch die maximal zulässige Zahl an Kubikmeter umbauten Raumes festgesetzt.

Grundflächenzahl (GRZ), Geschoßflächenzahl (GFZ) und Baumassenzahl (BMZ) sind demgegenüber relative Maße. Durch die Grundflächenzahl wird bestimmt, wieviel Quadratmeter Grundfläche je Quadratmeter Grundstücksfläche zulässig sind (§ 19 Abs. 1 BauNVO).

Beispiel: Setzt der Bebauungsplan eine GRZ von 0,4 fest und beträgt die Fläche des Baugrundstücks 1.000 m², so kann eine bauliche Anlage mit einer Grundfläche von maximal 400 m² errichtet werden.

Durch die Geschoßflächenzahl wird festgelegt, wieviel Quadratmeter (Gesamt-)Geschoßfläche bezogen auf die Grundstücksfläche maximal zulässig sind.

Beispiel: Setzt der Bebauungsplan eine GFZ von 0,8 fest und beträgt die maßgebliche Fläche des Baugrundstücks wieder 1.000 m², so ist eine (Gesamt-)Geschoßfläche von 800 m² auf dem Grundstück zulässig.

Nach § 20 Abs. 3 BauNVO ist die Geschoßfläche nach den Außenmaßen der Gebäude in allen Vollgeschossen zu ermitteln. Frühere Fassungen der BauNVO (bis zur Änderung im Januar 1990) sahen vor, daß auch die Flächen von Aufenthaltsräumen in anderen als Vollgeschossen anzurechnen waren. Die jetzt geltende Neuregelung zielt auf die Schaffung zusätzlichen Wohnraums in Unter- und vor allem Dachgeschossen (die keine Vollgeschosse sind). Sie soll zu einer flächen- und kostensparenden Bauweise beitragen.

Rist, BauNVO 1990, § 20 Rz. 3.

Für "alte" Bebauungspläne, auf die § 20 Abs. 2 BauNVO in alter Fassung anzuwenden ist, enthält § 25 c Abs. 2 BauNVO eine Sonderregelung: Danach kann in Gebieten mit Bebauungsplänen, auf die eine alte Fassung des § 20 Abs. 2 Satz 2 BauNVO anzuwenden ist, die Überschreitung der zulässigen Geschoßfläche durch Flächen von Aufenthaltsräumen in anderen als Vollgeschossen zugelassen werden, wenn öffentliche Belange nicht entgegenstehen. Diese Bestimmung - von der die Baurechtsbehörden im Hinblick auf die Zielsetzung der Neufassung des § 20 Abs. 2 BauNVO (s.o.) regen Gebrauch gemacht haben, ist jedoch nichtig und kann künftig nicht (mehr) angewendet werden. Dies hat jüngst das Bundesverwaltungsgericht mit Urteil vom 27.2.1992 entschieden. In diesem Urteil begründet das Bundesverwaltungsgericht die Nichtigkeit des § 25 c Abs. 2 BauNVO 1990 damit, daß es an einer hinreichenden Ermächtigungsgrundlage für diese Bestimmung fehle.

> BVerwG ZfBR 1992, 177;
> ebenso bereits
> Pietzcker, NVwZ 1989, 601;
> Fickert/Fieseler, aaO, § 25 c Rz. 7, und
> Gelzer/Birk, Bauplanungsrecht, aaO,
> Rz. 632;
> das BVerwG weist allerdings darauf hin,
> daß im Einzelfall zu prüfen sein kann,
> ob die Voraussetzungen einer Befreiung
> nach § 4 Abs. 1 Satz 1 BauGB-MaßnG i.V.m.
> § 31 Abs. 2 BauGB vorliegen.

Die Baumassenzahl (§ 21 BauNVO) kann in Gewerbe-, Industrie- und sonstigen Sondergebieten die zulässige Baumasse in Relation zur Grundstücksgröße bestimmen. Sie gibt an, wieviel Kubikmeter Baumasse je Quadratmeter Grundstücksgröße zulässig sind.

Maßgebliche Bezugsgröße zur Ermittlung von GRZ, GFZ und BMZ ist stets das Baugrundstück i.S.d. § 19 Abs. 3 BauNVO. Diese Bestimmung lautet:

> Für die Ermittlung der zulässigen Grundfläche ist die Fläche des Baugrundstücks maßgebend, die im Bauland und hinter der im Bebauungsplan festgesetzten Straßenbegrenzungslinie liegt. Ist eine Straßenbegrenzungslinie nicht festgesetzt, so ist die Fläche des Baugrundstücks maßgebend, die hinter der tatsächlichen Straßengrenze liegt oder die im Bebauungsplan als maßgebend für die Ermittlung der zulässigen Grundfläche festgesetzt ist."

Bei dieser Bestimmung ist der Begriff des "Baulands" interpretationsbedürftig: Ein im Geltungsbereich eines qualifizierten Bebauungsplan liegendes Grundstück ist nur insoweit

Bauland, als für seine Fläche eine Baugebietsfestsetzung getroffen worden ist, also z.B. die Ausweisung eines allgemeinen Wohngebietes (WA) oder eines Gewerbegebietes (GE). Sind Grundstücksteile als (private) Grünfläche festgesetzt, so sind diese Teile bei der Ermittlung nicht heranzuziehen.

Beispiel: Für ein 1.000 m² großes Grundstück trifft ein Bebauungsplan hinsichtlich einer Teilfläche von 800 m² die Festsetzung GE, für eine weitere Teilfläche von 200 m² die Festsetzung "private Grünfläche". Gilt nun für dieses Grundstück eine Geschoßflächenzahl (GFZ) von 0,8, so ist auf diesem Grundstück eine Geschoßfläche von 640 m² (0,8 von 800 m²) zulässig.

Hinsichtlich der Festsetzungsart "Vollgeschoß" findet sich in der BauNVO keine Definition. § 20 Abs. 1 BauNVO verweist auf die landesrechtlichen Vorschriften zur Bestimmung des Vollgeschoßbegriffs. Will man Klarheit gewinnen, ob ein bestimmtes Unter- oder Dachgeschoß als Vollgeschoß anzusehen ist, so muß die Begriffsbestimmung aus der jeweils anwendbaren Landesbauordnung herangezogen werden.

Bezüglich der Verweisung des § 20 Abs. 1 BauNVO ist in Rechtsprechung und Literatur umstritten, ob hier eine "statische" oder eine "dynamische" Verweisung vorliegt, ob also eine landesrechtliche Änderung des Vollgeschoß-Begriffs auch eine Änderung "alter" Bebauungspläne bewirken kann:

> vgl. hierzu
> Uechtritz, BauR 1986, 172;
> Fickert/Fieseler, aaO,
> § 20 Rz. 2, und
> Grosse-Suchsdorf/Schmaltz/Wiechert,
> Niedersächsische BauO, Niedersächsisches Denkmalschutzgesetz, 5. Aufl.,
> 1992, Rz. 3, jeweils m.w.N.

Bezüglich der Festlegung der Höhe der baulichen Anlagen bedurfte es in der BauNVO keiner weiteren Definition. § 18 BauNVO stellt lediglich klar, daß bei einer Festlegung der Höhe der baulichen Anlagen die erforderlichen Bezugpunkte zu bestimmen sind.

(3)   Die überbaubaren Grundstücksflächen

Zum (Mindest-)Festsetzungsinhalt eines qualifizierten Bebauungsplans gemäß § 30 Abs. 1 BauGB zählt weiter die Bestimmung der überbaubaren Grundstücksflächen. Mit "überbaubare Grundstücksflächen" wird der Teil des Grundstücks bezeichnet, auf dem bauliche Anlagen errichtet werden dürfen.

> Vgl. ausführlich hierzu
> Finkelnburg/Ortloff, aaO, S. 113 f.

Als Festsetzungsart kennt § 23 Abs. 1 BauNVO Baulinien, Baugrenzen und Bebauungstiefen. Die Festsetzung einer Baulinie bedeutet, daß auf diese Linie gebaut werden muß. Ein Vor- oder Zurücktreten von Gebäudeteilen in geringfügigen Ausmaßen kann zugelassen werden (§ 23 Abs. 2 BauNVO). Die Festsetzung einer Baugrenze bedeutet, daß Gebäude und Gebäudeteile diese Grenze nicht überschreiten dürfen. Ein Vortreten von Gebäudeteilen in geringfügigem Ausmaß kann zugelassen werden (§ 23 Abs. 3 BauNVO). Hervorzuheben ist, daß die Rechtsprechung davon ausgeht, daß die Bestimmung von Baugrenzen auch für unterirdische Bauteile, z.B. Tiefgaragen, gilt.

> Vgl. VGH BaWü BWVPr 1992, 115;
> siehe auch BayVGH BRS 36 Nr. 129.

Die Bebauungstiefe bestimmt, wie sich aus der Verweisung von § 23 Abs. 4 BauNVO auf § 23 Abs. 3 BauNVO ergibt, die hintere Baugrenze. Regelmäßig wird sie durch textliche Bestimmungen festgesetzt, wonach bis zu einer bestimmten Tiefe, in der Regel von der tatsächlichen Straßengrenze gerechnet, gebaut werden darf.

c) **Der Vorhaben- und Erschließungsplan (VEP)**

aa) **Allgemeines**

Für das Gebiet der neuen Bundesländer ist das Rechtsinstitut des Vorhaben- und Erschließungsplans (VEP) zu beachten. Dieses Rechtsinstitut war ursprünglich in § 55 BauZVO der DDR geregelt. Mit geringfügigen Modifikationen wurde diese Bestimmung durch § 246 a Abs. 1 Nr. 6 BauGB in Bundesrecht übernommen; beschränkt bezüglich seines Anwendungsbereichs auf das Gebiet der neuen Bundesländer und - zumindest vorerst - befristet bis zum 31.12.1997.

> Zum Vorhaben- und Erschließungsplan vgl.
> Weidemann/Deutsch, NVwZ 1991, 956 ff;
> Pietzcker, DVBl 1992, 658 ff, und
> Söfker, ZfBR 1992, 149 ff.

§ 55 Abs. 1 BauZVO lautet:

Die Gemeinde kann durch Satzung die Zulässigkeit von Vorhaben abweichend von den §§ 30, 31 und 33 bis 35 des Baugesetzbuchs bestimmen, wenn

1. die Vorhaben ohne Aufstellung eines Bebauungsplans nicht zugelassen werden können,

2. die Durchführung der Vorhaben für die Sicherung oder Schaffung von Arbeitsplätzen zur Deckung eines Wohnbedarfs der Bevölkerung oder für erforderliche Infrastrukturmaßnahmen dringlich ist,

3. der Vorhabenträger auf der Grundlage eines von ihm vorgelegten Plans zur Durchführung der Vorhaben- und der Erschließungsmaßnahmen (Vorhaben- und Erschließungsplan) bereit und in der Lage ist und sich zur Durchführung innerhalb einer bestimmten Frist verpflichtet.

Der von der Gemeinde gebilligte Vorhaben- und Erschließungsplan wird Bestandteil der Satzung. In der Satzung können ergänzende Bestimmungen in entsprechender Anwendung des § 9 und der aufgrund des § 2 Abs. 5 BauGB erlassenen Verordnung getroffen werden.

Aus dem Wortlaut dieser Bestimmung ergibt sich folgendes: Durch einen VEP sollen die planungsrechtlichen Grundlagen für die Zulässigkeit eines Vorhabens geschaffen werden, das ansonsten planungsrechtlich unzulässig wäre.

Beispiel: Die Errichtung eines Gewerbebetriebs im Außenbereich einer Gemeinde scheitert daran, daß ein nicht privilegiertes Vorhaben im Außenbereich gemäß § 35 Abs. 2 BauGB regelmäßig nicht zulässig wäre.

Da das Verfahren zur Aufstellung eines VEP gegenüber dem Erlaß eines Bebauungsplans vereinfacht ist (dazu sogleich unten), soll hierdurch eine erleichterte Möglichkeit zur Schaffung der planungsrechtlichen Zulässigkeitsvoraussetzungen eines Vorhabens gegeben werden. Ein VEP ist regelmäßig auf raschen Vollzug innerhalb eines zeitlich bestimmten Rahmens angelegt. Er bezieht sich auf ein (eventuell auch mehrere) konkret bestimmte Vorhaben. Er ermöglicht also den typischen Einzelfallplan.

Ein Bebauungsplan kann nur unter sehr eingeschränkten Zulässigkeitsvoraussetzungen als Einzelfallplan zulässig sein:

> vgl. BVerwG, NJW 1969, 1076;
> siehe auch Lenz/Heintz, aaO,
> S. 242.

Ungeachtet seines Charakters als "Einzelfallplan" bedarf es zur Realisierung des im VEP festgesetzten Vorhabens zusätzlich einer Baugenehmigung. Der VEP tritt also an die Stelle eines Bebauungsplans. Er beseitigt nicht das in allen Bauordnungen bestimmte Genehmigungserfordernis für die Errichtung baulicher Anlagen.

> Vgl. Pietzcker, DVBl 1992, 658.

Als inhaltliche Zulässigkeitsvoraussetzungen bestimmt § 55 Abs. 1 Nr. 2 BauZVO weiter, daß die Durchführung des Vorhabens für die Sicherung oder Schaffung von Arbeitsplätzen, zur Deckung eines Wohnbedarfs der Bevölkerung oder für erforderliche Infrastrukturmaßnahmen "dringlich" ist. Die "Dringlichkeit" dürfte in den neuen Bundesländern bis auf weiteres bei derartigen Vorhaben regelmäßig gegeben sein.

bb) <u>Rechtsnatur des VEP und Aufstellungsverfahren</u>

Der VEP besteht, wie sich aus § 55 Abs. 1 BauZVO ergibt, aus zwei rechtlich zu unterscheidenden Bestandteilen: Zum einen aus dem <u>Plan</u>, den ein Vorhabenträger (ein Investor) vorlegt und zum anderen aus der gemeindlichen <u>Satzung</u>.

> Vgl. Gelzer/Birk, aaO, S. 671.

Regelmäßig wird ein Investor, der ein Vorhaben in Angriff nehmen möchte, das nach den bestehenden planungsrechtlichen Grundlagen nicht genehmigungsfähig ist, mit der Gemeinde Kontakt aufnehmen. In einem (öffentlich-rechtlichen) Vertrag muß sich der Vorhabenträger zur Durchführung eines inhaltlich bestimmten Vorhabens innerhalb einer zeitlich festgelegten Frist verpflichten. Ein solcher Vertrag wird von der herrschenden Meinung der Literatur als zwingend angesehen.

>Vgl. Gelzer/Birk, aaO, S. 671;
>Pietzcker, DVBl 1992, 659 f;
>a.A. Söfker, ZfBR 1992, 149, 153.

Erforderlich ist auch, daß sich der Vorhabenträger zur Durchführung der Erschließungsmaßnahmen - und zwar auf eigene Kosten - verpflichtet. Die Regelung des § 129 Abs. 1 Satz 3 BauGB, aus der die Rechtsprechung folgert, bei einem Erschließungsvertrag müsse die Gemeinde mindestens 10 % des Erschließungsaufwandes tragen,

>so BVerwG NJW 1969, 2162, 2163, und
>BVerwG NJW 1985, 642,

gilt für den VEP nicht.

>Vgl. Söfker, ZfBR 1992, 149, 153, und
>Pietzcker, DVBl 1992, 658, 662.

Im Hinblick auf die geringe Finanzkraft der meisten Gemeinden in den neuen Bundesländern gewährleistet allein diese Regelung die rasche Durchführung der zur Realisierung eines Vorhabens erforderlichen Erschließungsmaßnahmen. Über die Erschließungskosten im Plangebiet hinaus (die regelmäßig der Investor in voller Höhe übernehmen muß), können zusätzlich weitere Absprachen zwischen Gemeinde und Vorhabenträger/Investor getroffen werden, wonach sich der Vorhabenträger verpflichtet, weitere Erschließungsmaßnahmen außerhalb des Plangebietes ganz oder teilweise vorzunehmen oder zumindest vorzufinanzieren. Hier sind vielfache Fallvarianten möglich.

Der von dem Vorhabenträger vorzulegende Plan muß von der Gemeinde als Satzung verabschiedet werden. Die Satzung kann ergänzende Bestimmungen enthalten, und zwar - wie sich aus § 55 Abs. 1 Satz 3 BauZVO ergibt - solche, die auch Inhalt der Festsetzung eines Bebauungsplans sein könnten.

Welchen Inhalt der vom Vorhabenträger vorzulegende Plan selbst haben soll, ist in der BauZVO nicht geregelt. Hier besteht also eine Differenz zum Bebauungsplan, bei dem ein "numerus clausus" der zulässigen Festsetzungen gilt (s.o.). Zwingende Voraussetzung ist in jedem Fall, daß die räumlichen Grenzen des Plangebietes zweifelsfrei festgelegt sind. Darüber hinaus dürfen, wie sich aus dem Rechtsinstitut des VEP als Instrument der Bauleitplanung ergibt, nur Festsetzungen städtebaulichen Charakters getroffen werden.

Vgl. Pietzcker, DVBl 1992, 661.

Da der Katalog des § 9 BauGB in Verbindung mit der BauNVO einen hinreichenden Bestand an "bewährten" städtebaulichen Festsetzungen enthält, ist für die Praxis anzuraten, sich bei dem Inhalt eines VEP an der üblichen "Zeichensprache" für einen Bebauungsplan zu orientieren.

Vgl. Söfker, ZfBR 1992, 652.

Liegt der vom Investor erstellte Plan vor und haben Gemeinde und Investor/Vorhabenträger Einigkeit über diesen Plan erzielt, so muß die Gemeinde das förmliche Verfahren zur Verabschiedung der Satzung einleiten. Das Aufstellungsverfahren ist in § 55 Abs. 3 BauZVO geregelt. Die Gemeinde muß den von der Planung betroffenen Bürgern und den berührten Trägern öffentlicher Belange Gelegenheit zur Stellungnahme innerhalb angemessener Frist geben. Diese Beteiligung dient - ebenso wie bei der Aufstellung eines Bebauungsplans - dazu, die öffentlichen und privaten Belange zu ermitteln und gegeneinander abzuwägen. Dies ergibt sich schon aus dem Erfordernis des § 55 Abs. 2 BauZVO, wonach die Satzung mit einer geordneten städtebaulichen Entwicklung vereinbar sein und den Grundsätzen des § 1 (also auch dem Abwägungsgebot) entsprechen muß. Anders als bei der Aufstellung eines Bebauungsplans ist keine vorgezogene Bürgerbeteiligung nach § 3 Abs. 1 BauGB erforderlich. Die Beteiligung der betroffenen Bürger kann auf zwei verschiedene Weisen erfolgen: Entweder ist den betroffenen Bürgern Gelegenheit zur Stellungnahme zu geben. Diese Vorgehensweise bietet sich an, wenn der Kreis der Betroffenen beschränkt ist. Alternativ kann eine öffentliche Auslegung des Planentwurfs erfolgen - entsprechend den Anforderungen des § 3 Abs. 2 BauGB bei der Aufstellung eines Bebauungsplans.

Nach Durchführung des Beteiligungsverfahrens muß die Gemeinde die vorgetragenen Bedenken und Anregungen abwägen. Danach ist - in Übereinstimmung mit den jeweils geltenden (landesrechtlichen) kommunalrechtlichen Bestimmungen (zu beachten sind also z.B. auch die Bestimmungen über das Befangenheitsgebot) - der Plan als Satzung verabschieden. Enthält die verabschiedete Satzung "ergänzende Bestimmungen", die im Vorhabenplan des Vorhabenträgers nicht enthalten waren, so bedarf es einer ergänzenden Zustimmung des Vorhabenträgers, gegebenenfalls auch einer Ergänzung des zwischen Vorhabenträger und Gemeinde abgeschlossenen Vertrages.

Söfker, ZfBR 1992, 153;

Beispiel: Trifft die Gemeinde in einem VEP ergänzende Festsetzungen gemäß § 9 Abs. 1 Nr. 25 BauGB über Bepflanzungsmaßnahmen, die der Vorhabenträger in dem von ihm vorgelegten Plan nicht vorgesehen hat, so besteht nicht eine automatische Verpflichtung des Vorhabenträgers zur Realisierung dieser Maßnahmen.

Der als Satzung beschlossene VEP bedarf zur Inkraftsetzung der Genehmigung der höheren Verwaltungsbehörde. Ist diese erteilt, so tritt der VEP in Kraft, sobald er ortsüblich bekanntgemacht ist. Ergibt sich nach Inkrafttreten, daß der Plan nicht innerhalb der gesetzten Frist realisiert wird, soll die Gemeinde die Satzung aufheben (§ 55 Abs. 5 BauZVO). Probleme bestehen auch beim Wechsel des Vorhabenträgers: Nach § 55 Abs. 5 Satz 2 BauZVO <u>kann</u> die Gemeinde die Satzung aufheben, wenn der Vorhabenträger wechselt und Tatsachen die Annahme rechtfertigen, daß die fristgemäße Durchführung des Plans gefährdet ist. In jedem Fall dürfte bei einem Wechsel des Vorhabenträgers auch eine Satzungsänderung geboten sein.

> So Söfker, ZfBR 1992, 154.

cc) <u>Ungeklärte Eigentumsverhältnisse im Geltungsbereich eines Vorhaben- und Erschließungsplan</u>

Wie oben ausgeführt, ist der Vorhaben- und Erschließungsplan auf rasche Realisierung innerhalb einer zu bestimmenden Frist angelegt. Üblicherweise geschieht dies in der Form, daß sich der Vorhabenträger verpflichtet, die zugesagten Maßnahmen innerhalb eines Zeitraums von x-Monaten durchzuführen, berechnet vom Zeitpunkt des Vorliegens einer bestandskräftigen Baugenehmigung. Das Eingehen einer derartigen Verpflichtung setzt regelmäßig voraus, daß der Vorhabenträger über die Grundstücke, die zur Realisierung des Vorhabens erforderlich sind, verfügen kann.

> Pietzcker, DVBl 1992, 659 vertritt die Auffassung, diese Verfügbarkeit müsse spätestens beim Satzungsbeschluß der Gemeinde gegeben sein.

In der Praxis bedeutet dies, daß Vorhaben- und Erschließungspläne regelmäßig nur dann in Angriff genommen wurden, wenn der Vorhabenträger/Investor Eigentümer der erforderlichen Flächen war oder diese im Eigentum der Gemeinde standen (so daß die Übertragung dieser Grundstücke von der Gemeinde auf den Investor keine Schwierigkeiten bereiten konnte).

Problematisch war die Situation, wenn der Vorhabenträger zur Realisierung des Vorhabens zwingend auf Flächen angewiesen war, bei denen die Eigentumsverhältnisse ungeklärt waren.

Beispiel: Im vorgesehenen Geltungsbereich eines Vorhaben- und Erschließungsplans befindet sich ein Grundstück, das für die Realisierung des Vorhabens unverzichtbar ist. Der gegenwärtig im Grundbuch eingetragene Verfügungsberechtigte (z.B. die Treuhandanstalt oder die Gemeinde) ist bereit, dieses Grundstück an den Vorhabenträger zu veräußern. Für dieses Grundstück liegen aber Rückübertragungsansprüche eines Alteigentümers vor.

Verschiedentlich wurde in derartigen Fällen der Versuch unternommen, sich mit dem Alteigentümer zu einigen und diesen abzufinden - dies gegebenenfalls sogar dann, wenn dessen Ansprüche ungesichert waren. Alternativ kam bisher nur die Möglichkeit in Betracht, hinsichtlich dieses Grundstücks ein Investitionsvorrangverfahren durchzuführen und nach Erlaß einer positiven Entscheidung gemäß § 3 a VermG, welche die Verfügungssperre des § 3 Abs. 3 VermG aufhebt, das Grundstück an den Vorhabenträger zu veräußern. Verbunden war dies allerdings mit der zeitlichen Verzögerung und dem Risiko eines zusätzlichen Verwaltungsverfahrens (dem Verfahren auf Erlaß eines Bescheids gemäß § 3 a VermG). Die Dauer dieser Verfahren betrug in der Regel einige Monate. Rechnete man die Möglichkeit hinzu, daß der Alteigentümer vorläufigen Rechtsschutz gegen die sofort vollziehbare Investitionsvorrangentscheidung gemäß § 3 a VermG begehrte, so konnte vom Zeitpunkt der Einleitung eines Vorrangverfahrens bis zum Abschluß eines gerichtlichen Eilverfahrens (wodurch der Vorhabenträge die erforderliche Sicherheit erlangte) durchaus ein halbes Jahr vergehen. Hieran hat sich grundsätzlich durch das im Zweite Vermögensrechtsänderungsgesetz (2. VermRÄndG), das am 22.7.1992 in Kraft getreten ist, wenig geändert.

> Einen Überblick über die Neuregelungen geben
> Dornberger/Dornberger, DB 1992, 1613 ff und
> Uechtritz, BB 1992, 1650 ff;
> siehe auch
> Schmidt-Räntsch, VIZ 1992, 297 ff.

Zwar ist an die Stelle des Bescheids nach § 3a VermG der Erlaß eines Investitionsvorrangbescheids nach dem neugeschaffenen Investitionsvorranggesetz (InVorG) getreten. Ungeachtet der Bemühungen des Gesetzgebers zur Verfahrensstraffung muß realistischerweise aber auch künftig damit gerechnet werden, daß vom Zeitpunkt der Einleitung eines Vorrangverfahrens bis zum Abschluß eines verwaltungsrechtlichen Eilverfahrens, das der Alteigentümer gegen den Vorrangbescheid einleitet, einige Monate vergehen werden.

Diese Möglichkeit muß der Alteigentümer ergreifen, will er nicht mit seinen Rückübertragungsansprüchen gemäß § 12 Abs. 3 Satz 4 InVorG endgültig ausgeschlossen werden;

> siehe hierzu näher
> Uechtritz, BB 1992, 1657 f,

Mit Inkrafttreten des 2. VermRÄndG besteht aber nunmehr die Möglichkeit, hinsichtlich der Grundstücke mit ungeklärten Eigentumsverhältnissen (die für die Durchführung des Vorhabens unverzichtbar sind) auf ein gesondertes Investitionsvorrangverfahren zu verzichten. Diese Möglichkeit bietet die neue Bestimmung des § 18 InVorG: Nach § 18 Abs. 1 InVorG ist die Verfügungssperre des § 3 VermG (die einer Übertragung der Grundstücke auf den Vorhabenträger entgegensteht, es sei denn, eine Investitionsvorrangbescheinigung liegt vor) nicht anzuwenden, wenn das Grundstück im Geltungsbereich eines Vorhaben- und Erschließungsplans liegt, der von der Gemeinde als Satzung beschlossen worden ist. Die Aufhebung der Verfügungssperre tritt bereits mit dem gemeindlichen Satzungsbeschluß auf, also schon vor Inkrafttreten der Satzung nach Genehmigung und Bekanntmachung. Die Alteigentümer können ihre Einwände gegen das Vorhaben nur im Rahmen des Planaufstellungsverfahrens (bzw. später mit Rechtsmitteln gegen die Satzung) geltend machen. Die Gemeinde muß also in ihrer Abwägungsentscheidung beim Satzungsbeschluß nicht nur die städtebaulichen Gesichtspunkte berücksichtigen, sondern auch - soweit diese geltend gemacht sind - Einwände von Eigentümern, die ihre Rückübertragungsansprüche durch den Vorhaben- und Erschließungsplan verlieren können.

Die Rechtswirkungen der Satzung gegenüber dem Alteigentümer entsprechen denjenigen eines Investitionsvorrangbescheids. Auch die gemeindliche Satzung ersetzt die Grundstücksverkehrsgenehmigung. Anstelle seines Rückübertragungsanspruchs erhält der Alteigentümer einen Anspruch auf den Gegenwert des veräußerten Grundstücks.

Um den Vorhabenträger/Investor vor dem Risiko zu schützen, daß er noch Jahre nach Vornahme seiner Investition mit Rückgabeansprüchen konfrontiert wird - weil der Alteigentümer gegen den als Satzung beschlossenen Vorhaben- und Erschließungsplan ein Normenkontrollverfahren eingeleitet hat, das später zu dessen Gunsten ausgeht - ordnet § 18 Abs. 6 InVorG die entsprechende Geltung des § 12 InVorG an, mit der Maßgabe, daß an die Stelle eines Antrags nach § 80 Abs. 5 VwGO ein Antrag auf Erlaß einer einstweiligen Anordnung gemäß § 47 Abs. 8 VwGO gegen die Satzung tritt. Dies bedeutet: Stellt der Alteigentümer nicht innerhalb der 2-Wochenfrist des § 18 Abs. 6 InVorG einen solchen Eilantrag gegen die von der Gemeinde beschlossene Satzung, so verliert er seinen Rückübertragungsanspruch, sobald der Vorhabenträger/Investor mit der tatsächlichen Durchführung der Investition "nachhaltig" begonnen hat.

Zu den Problemen, die sich im Rahmen des Rechtsschutzes nach § 47 Abs. 8 VwGO stellen,

> siehe näher
> Uechtritz, BB 1992, 1658 f.

Da ein Eilverfahren nach § 47 Abs. 8 VwGO in der Regel nur einige Wochen dauern wird, hat der Vorhabenträger/Investor auf diese Weise rasch Klarheit hinsichtlich der Beständigkeit des getätigten Grundstückserwerbs (bzw. es liegt an ihm, diese Klarheit durch den "nachhaltigen" Beginn der zugesagten Investition herbeizuführen).

Der Begriff der "Nachhaltigkeit" soll nach dem Willen des Gesetzgebers (vgl. BT-Drucks. 12/2480, S. 73) weit ausgelegt werden. "Nachhaltig" soll jede Maßnahme sein, die zeigt, daß der Investor ernsthaft mit der Ausführung beginnt; als Gegenbeispiel nennt die Gesetzesbegründung die Alternative, daß nur ein Bauschild aufgestellt wird.

Die durch § 18 InVorG geschaffene Möglichkeit im Rahmen eines Vorhaben- und Erschließungsplans trotz ungeklärter Eigentumsverhältnisse ohne gesonderte Durchführung eines Investitionsvorrangverfahrens Grundstücke auf den Vorhabenträger zu übertragen, stellt eine nicht unerhebliche Erleichterung gegenüber dem bisherigen Rechtszustand dar. Es bleibt abzuwarten, ob und in welchem Umfang die Praxis von dieser Möglichkeit Gebrauch machen wird. Dies dürfte auch maßgeblich davon abhängen, ob die rechtlichen Zweifelsfragen, hinsichtlich der Maßstäbe, die beim vorläufigen Rechtsschutz nach § 47 Abs. 8 VwGO gegen die Satzung anzulegen sind, rasch geklärt werden.

2. Das Planaufstellungsverfahren

a) Planaufstellungsverfahren und Interessenwahrnehmung

Der im öffentlichen Baurecht tätige Jurist wird bei seiner praktischen Arbeit häufig mit Fragen der Bebauungsplanaufstellung bzw. Änderung konfrontiert werden. Erforderlich ist daher die Kenntnis des Verfahrens und das Wissen, wie und auf welche Weise (besonders in welcher Verfahrensstufe) sein Tätigwerden erforderlich ist. Bevor im folgenden auf die einzelnen Verfahrensschritte näher eingegangen wird, ist zu klären, mit welcher Zielrichtung der Anwalt bzw. der beratende Firmenjurist tätig wird. Vereinfacht gesagt, können zwei Grundkonstellationen unterschieden werden:

aa) Initiierung eines Planaufstellungsverfahrens

Erkennt ein Grundstückseigentümer, daß die beabsichtigte Nutzungsaufnahme bzw. Änderung planungsrechtlich nicht möglich ist, weil sie mit der bestehenden planungsrechtlichen Situation nicht im Einklang steht, so ist zunächst zu prüfen, ob mit Hilfe einer Befreiung nach § 31 Abs. 2 BauGB eine Überwindung der entgegenstehenden planerischen Festsetzung möglich ist. Eine Befreiung kommt aber nur atypischen Sonderfällen in Betracht (dazu näher unten). Die Befreiung steht zudem stets im Ermessen der Genehmigungsbehörde. Auf sie besteht kein Rechtsanspruch. Darüber hinaus ist an die Grenzen einer Befreiung zu erinnern: Die Befreiung soll Randkorrekturen ermöglichen. Bei schwerwiegenden

Eingriffen in das Geflecht der planerischen Festsetzungen, besonders wenn von der zulässigen Art der im Bebauungsplan festgesetzten Nutzung abgewichen werden soll, kommt im Regelfall eine Befreiung nicht in Betracht.

  Battis/Krautzberger/Löhr, aaO,
  § 31 Rz. 4 m.w.N.

In einem solchen Fall besteht nur die Möglichkeit, bei der Gemeinde eine Planänderung anzuregen. Es muß versucht werden, in Kooperation mit der Gemeinde ein Planaufstellungs- bzw. Änderungsverfahren in Gang zu bringen. Dies kann z.B. dadurch geschehen, daß der Gemeinde ausgearbeitete Planentwürfe unterbreitet werden. Die Rechtsprechung hat die Kooperation zwischen Gemeinden und privaten Partnern bei der Bauleitplanung grundsätzlich gebilligt.

  Vgl. BVerwGE 45, 309, 317;
  BGHZ 71, 386, 389;
  BayVGH BayVBl 1980, 296.

Eine Planänderung, die allein im Interesse eines privaten Grundstückseigentümers vorgenommen wird, kann jedoch problematisch sein,

  vgl. OVG Saarland BauR 1990, 184.

Sie hat nur dann Chancen, eine eventuelle gerichtliche Prüfung zu bestehen, wenn sie ein tragfähiges städtebauliches Konzept verfolgt, das sich die Gemeinde im Wege der Abwägungsentscheidung zu eigen gemacht hat.

Versuche, im Rahmen einer Kooperation die Gemeinde zur Aufstellung eines bestimmten Bebauungsplans zu verpflichten, sind zum Scheitern verurteilt. Nach § 2 Abs. 3 BauGB besteht auf die Aufstellung von Bauleitplänen kein Anspruch.

Vertragliche Bindungen von Gemeinden, einen bestimmten Bebauungsplan aufzustellen, hat die Rechtsprechung ausnahmslos für unwirksam erklärt.

BVerwG NJW 1977, 1979;
BVerwG DVBl 1980, 686;
BVerwG DÖV 1981, 878.

Der Kooperationspartner der Gemeinde ist also darauf angewiesen, diese von der städtebauliche Tragfähigkeit seines Konzepts zu überzeugen.

Zur Frage, ob bei gescheiterten Kooperationen Ersatzansprüche bestehen können,

vgl. Dolde/Uechtritz, DVBl 1987, 446 ff.

bb) **Tätigkeit im laufenden Verfahren**

Häufiger als die Initiierung eines Planaufstellungsverfahrens wird für den beratenden Juristen seine Hinzuziehung sein, wenn ein Planaufstellungsverfahren bereits in Gang ist, und die Grundstücksinteressen seines Mandanten bzw. seiner Firma hierdurch berührt werden. Ein solches "Berührtsein" setzt nicht stets voraus, daß die eigenen Grundstücke vom (künftigen) Plangebiet erfaßt werden. Auch dann, wenn "nur" planerische Festsetzungen für benachbarte Grundstücke getroffen werden sollen, können die eigenen Nutzungsinteressen massiv berührt sein (z.B. durch die Zulassung von konfliktträchtigen Nutzungen in der Nachbarschaft).

Der beratende Jurist muß hier bemüht sein, für den vertretenen Grundstückseigentümer Nutzungsmöglichkeiten der eigenen Grundstücke zu erweitern bzw. zu erhalten. Hinsichtlich benachbarter Grundstücke muß versucht werden, solche Festsetzungen zu unterbinden, die Konflikte mit der selbst ausgeübten Nutzung verursachen könnten.

b) **Der Verfahrensgang**

aa) **Der Planaufstellungsbeschluß**

Das förmliche Verfahren zur Aufstellung eines Bebauungsplans beginnt üblicherweise damit, daß das zuständige Gemeindeorgan einen Planaufstellungsbeschluß faßt.

Dies schließt selbstverständlich nicht aus, daß bereits <u>vor</u> der förmlichen Einleitung eines Planaufstellungsverfahrens informelle Vorüberlegungen, gegebenenfalls auch Abstimmungen stattfinden. Da in diesem Vorstadium die Planung regelmäßig noch offen ist, sollte - sofern Kenntnis über entsprechende "Planungsabsichten" besteht - versucht werden, die eigenen Vorstellungen bereits auf dieser Stufe einzubringen. Hierzu empfielt sich vor allem die Kontaktaufnahme mit dem örtlichen Planungsamt;

> vgl. im einzelnen hierzu
> Wohlgemuth, aaO, Rz. 92 ff.

Bezüglich des Planaufstellungsbeschlusses besagt § 2 Abs. 1 Satz 2 BauGB lediglich, daß dieser ortsüblich bekannt zu machen ist. Nach herrschender Meinung stellt der förmliche Planaufstellungsbeschluß - ungeachtet seiner Erwähnung im BauGB - keine zwingende Voraussetzung für die Einleitung und Durchführung eines Planaufstellungsverfahrens dar. Sein Fehlen führt nicht zur Nichtigkeit eines späteren Bebauungsplans.

> BVerwG BRS 48, Nr. 21;
> BayVGH BRS 44, Nr. 22.

Besondere Formvorschriften für den Planaufstellungsbeschluß bestehen nicht. Einzelheiten des Inhalts des künftigen Bebauungsplans müssen zum Zeitpunkt des Planaufstellungsbeschlusses noch nicht bekannt gemacht werden.

Auch wenn der Planaufstellungsbeschluß keine zwingende Rechtsmäßigkeitsvoraussetzung für die spätere Inkraftsetzung eines Bebauungsplans ist, bildet er eine rechtliche Voraussetzung, wenn die planaufstellende Gemeinde folgende Maßnahmen treffen will:

- Eine Veränderungssperre nach § 14 Abs. 1 BauGB kann nur beschlossen werden, wenn ein förmlicher Aufstellungsbeschluß gefaßt wurde.

- Gleiches gilt für die Zurückstellung eines Baugesuches nach § 15 Abs. 1 und 2 BauGB.

- Vorhaben nach § 33 BauGB können nur zugelassen werden, wenn ein förmlicher Planaufstellungsbeschluß vorliegt.

- Auch die Aussetzung bei der Sicherung von Gebieten mit Fremdenverkehrsfunktion nach § 22 Abs. 7 BauGB verlangt einen Planaufstellungsbeschluß.

Bei diesen planerischen Vorgängen, die Auswirkungen auf die Rechtsstellung eines Grundstückseigentümers haben, verlangt das Gesetz das Vorliegen eines förmlichen Planaufstellungsbeschlusses.

Vgl. Gelzer/Birk, aaO, Rz. 294.

bb) Die vorgezogene Bürgerbeteiligung

§ 3 Abs. 1 BauGB regelt die sogenannte "vorgezogene Bürgerbeteiligung". Diese Bestimmung zielt darauf ab, die Gemeindebürger möglichst frühzeitig über die allgemeinen Ziele und Zwecke der Planung öffentlich zu unterrichten. Hierdurch soll in einem frühen Verfahrensstadium die Möglichkeit zur Äußerung und Erörterung der Planüberlegungen gegeben werden. Die Bürger sollen sich an der Konkretisierung der Planung beteiligen und möglichst auf den späteren Planinhalt Einfluß nehmen.

> Vgl. hierzu Gelzer/Birk, aaO,
> Rz. 299 ff und
> Birk, aaO, Rz. 35 f.

Die Art und Weise der Bürgerbeteiligung ist im BauGB nicht geregelt. Der Gemeinde steht es also frei, in welcher Form sie die vorgezogene Bürgerbeteiligung durchführt. Die vom Gesetz geforderte "Unterrichtung" kann z.B. durch Abhaltung einer Bürgerversammlung erfüllt werden, bei der die Gemeinde das Planungskonzept vorstellt. Hierbei kann dann auch Gelegenheit zur Äußerung und Erörterung der Planvorstellungen gegeben werden. Denkbar ist auch, daß die Auslegung öffentlich bekannt gemacht wird und dann die Möglichkeit gegeben wird, einzeln oder gemeinsam Anregungen mit dem Planungsamt zu erörtern.

Führt die vorgezogene Bürgerbeteiligung dazu, daß das vorgestellte Plankonzept wesentlich geändert wird, so muß diese - anders als beim förmlichen Auslegungsverfahren (dazu sogleich unten) - nicht wiederholt werden.

> Birk, aaO, Rz. 36.

§ 3 Abs. 1 BauGB bestimmt auch, wann von einer vorgesehenen Bürgerbeteiligung abgesehen werden kann. Dies gilt beim Flächennutzungsplan, wenn die Grundzüge der Planung nicht berührt werden. Bei einem Bebauungsplan ist dies der Fall, wenn sich dessen Aufstellung bzw. Änderung auf das Plangebiet und die Nachbargebiete nur unwesentlich auswirkt oder die Unterrichtung und Erörterung bereits zuvor auf anderer planerischer Grundlage erfolgt ist. Nach § 2 Abs. 2 BauGB-MaßnG kann die vorgezogene Bürgerbeteiligung auch entfallen, wenn der Bebauungsplan zur Deckung eines dringenden Wohnbedarfs der Bevölkerung aufgestellt, geändert oder ergänzt werden soll. Durch den Verzicht auf diese Verfahrensstufe soll eine Beschleunigung des Planverfahrens erreicht werden.

Verstößt die Gemeinde gegen die Bestimmungen des § 3 Abs. 1 BauGB über die vorgezogene Bürgerbeteiligung (z.B., indem sie keine Möglichkeit zur Erörterung gibt), so ist ein solcher Fehler für die spätere Wirksamkeit eines inkraftgetretenen Bebauungsplans nach § 214 BauGB unschädlich. Er führt nicht zur Nichtigkeit des Planes. Nicht berührt hiervon ist die Möglichkeit der Rechtsaufsichtsbehörde, der der Plan anzuzeigen ist, den Fehler nach § 216 BauGB zu rügen und im Hinblick hierauf dem Plan die Genehmigung zu versagen bzw. diesen zu beanstanden.

Trotz des weitgehend "informellen" Charakters der vorgezogenen Bürgerbeteiligung sollte der beratende Jurist diese Verfahrensstufe möglichst nutzen: Zum einen besteht hier die Möglichkeit, sich über das Plankonzept zu unterrichten. Erst hierdurch wird vielfach erkennbar werden, ob und inwieweit die eigenen Interessen durch den künftigen Bebauungsplan überhaupt berührt werden. Zudem ist erfahrungsgemäß die Gemeinde, konkret die mit der praktischen Durchführung des Planaufstellungsverfahrens betraute Behörde noch weitgehend "offen" für Anregungen, Änderungen und Ergänzungen. In aller Regel muß davon ausgegangen werden, daß die Bereitschaft des "Planers", (dies kann das Bauplanungsamt einer Gemeinde sein; möglich ist aber auch, daß ein externer Städteplaner, z.B. ein Architekt mit der Erarbeitung eines Bebauungsplanentwurfs beauftragt wird), Änderungen seines Entwurfs vorzunehmen, mit zunehmender Fortdauer des Planverfahrens (und der damit verbundenen Konkretisierung der planerischen Überlegungen) nachläßt. Jedenfalls bietet diese frühe Stufe des Planaufstellungsverfahrens auch die Möglichkeit, "Bündnispartner" für die eigenen Vorstellungen zu suchen, um - nach Abstimmung der beteiligten Interessen - eine gemeinsame Interessenvertretung gegenüber der planaufstellenden Gemeinde anzustreben. Nicht selten wird die letztlich maßgebliche Entscheidung des Gemeinderats auch davon beeinflußt, in welcher Zahl Einwendungen gegen eine bestimmte Planung vorgebracht werden.

cc)   <u>Die Beteiligung der Träger öffentlicher Belange</u>

Nach § 4 Abs. 1 BauGB sind die Träger öffentlicher Belange, die von der Planung berührt werden, "möglichst frühzeitig" zu beteiligen. Diese Bestimmung ist als "Soll-Vorschrift" ausgestaltet. Sie ist also nicht zwingend vorgeschrieben.

Gelzer/Birk, aaO, Rz. 315 ff.

In der Praxis wird die Beteiligung aber wohl ausnahmslos durchgeführt. Das Unterlassen einer Anhörung würde sehr häufig dazu führen, daß das Planaufstellungsverfahren wegen unzureichender Berücksichtigung der berührten Interessen an einem Abwägungsdefizit litte.

Wer zu den "Träger öffentlicher Belange" zu rechnen ist, haben die Länder durch Verwaltungsvorschriften geregelt. Wichtige Träger sind das Gewerbeaufsichtsamt, das Wasserwirtschaftsamt, das Straßenbauamt sowie das Naturschutzamt. Zwar sollen nach dem Wortlaut des Gesetzes nur die Träger beteiligt werden, deren Interessen von der Planung berührt werden können. Aufgrund der angesprochen Verwaltungsvorschriften findet aber in der Praxis eine standardisierte Beteiligung in der Weise statt, daß praktisch alle Träger öffentlicher Belange gehört werden.

Vgl. Birk, aaO, Rz. 82.

Da das Gesetz eine "möglichst frühzeitige" Trägerbeteiligung fordert, sollte diese vor der förmlichen Auslegung des Planentwurfs (dazu sogleich unten) abgeschlossen sein. Dies schon deshalb, damit die Anregungen der Träger im ausgelegten Planentwurf bereits berücksichtigt werden können.

Gemäß § 4 Abs. 1 Satz 3 BauGB ist den Trägern eine Frist zur Stellungnahme zu setzen. Den Trägern steht es frei, innerhalb der gesetzten Frist die Stellungnahme abzugeben oder hierauf zu verzichten. Äußert sich ein Träger nicht, so kann die Gemeinde hieraus folgern, daß seine Interessen durch die Planung nicht berührt werden.

Vgl. Gelzer/Birk, aaO, Rz. 318.

Dient die Planung zur Deckung eines dringenden Wohnbedarfs der Bevölkerung, so kann nach § 2 Abs. 4 BauGB-MaßnG eine Frist von einem Monat gesetzt werden.

Werden bei der Anhörung der Träger öffentlicher Belange Fehler gemacht (unterbleibt z.B. die Anhörung eines Trägers, dessen Interessen von der Planung berührt werden können), so führt dies nicht zur Unwirksamkeit des Bebauungsplans. Nach § 214 Abs. 1 Nr. 1 Halbs. 2 BauGB ist es unschädlich, wenn _einzelne_ Träger öffentlicher Belange nicht beteiligt wurden.

Zur Auslegung dieser Bestimmung, vgl.
BVerwG ZfBR 1988, 91 und
Battis/Krautzberger/Löhr, aaO,
§ 214 Rz. 5.

Greift diese Bestimmung nicht ein, so ist der Fehler grundsätzlich beachtlich - dies allerdings nur, wenn er nach § 215 Abs. 1 Nr. 1 BauGB innerhalb eines Jahres nach Inkrafttreten des Bebauungsplans gerügt wird.

Auch diese Verfahrensstufe ist für den beratenden Juristen von Bedeutung: Er ist gehalten, sich möglichst Kenntnis von den Äußerungen der Träger öffentlicher Belange zu verschaffen. Dies kann z.B. durch Akteneinsicht in die Bebauungsplanakten geschehen. Vielfach wird erst durch die Äußerungen der Träger öffentlicher Belange deutlich, welche Probleme ein planerisches Konzept beinhaltet. Darüber hinaus kann der beratende Jurist dieses Stadium nutzen, um durch Kontaktaufnahme mit einzelnen Trägern öffentlicher Belange den Versuch zu unternehmen, deren Stellungnahme zu beeinflussen.

Beispiel: Wird selbst eine störanfällige Nutzung ausgeübt, und sieht der Planentwurf die Ansiedlung einer störträchtigen Nutzung in der Nachbarschaft vor, so kann es sinnvoll sein, das Gewerbeaufsichtsamt gezielt auf diese Problematik aufmerksam zu machen, um das Amt hierdurch zu einer mehr als "routinemäßigen" Stellungnahme zu bewegen. Umgekehrt kann auch die Darlegung der konkreten Situation, gegebenenfalls die Übermittlung ergänzender Informationen dazu führen, daß beteiligte Träger öffentlicher Belange bereit sind, geäußerte Bedenken zurückzunehmen bzw. zu modifizieren.

Zu den Einwirkungsmöglichkeiten
auf dieser Stufe, siehe auch
Wohlgemuth, aaO, Nr. 98.

dd) Das förmliche Planauslegungsverfahren

Liegen - regelmäßig nach Beteiligung der Träger öffentlicher Belange - beschlußfähige Planentwürfe vor, ist das förmliche Planauslegungsverfahren als "zweite Stufe" der Bürgerbeteiligung durchzuführen. Gemäß § 3 Abs. 2 BauGB ist der Entwurf des Bebauungsplans mit Begründung auf die Dauer eines Monats öffentlich auszulegen. Entgegen der früheren Fassung des § 2 a Abs. 6 BBauG enthält § 3 Abs. 2 BauGB keinen Hinweis darauf, daß eine förmliche Beschlußfassung durch die "Gemeinde" erforderlich ist. Nach allgemeiner Auffassung,

>BVerwG NVwZ 1988, 916;
>Battis/Krautzberger/Löhr, BauGB,
>§ 3 Rz. 12;
>Gelzer/Birk, aaO, Rz. 325,

bestimmt sich allein nach Landesrecht, welches Gemeindeorgan den Auslegungsbeschluß faßt.

Zur streitigen Frage, ob in Baden-Württemberg der Gemeinderat oder auch beschließende Ausschüsse den Auslegungsbeschluß fassen können,

>vgl. Birk, aaO, Rz. 47 m.w.N.

Gemäß § 3 Abs. 2 Satz 2 BauGB sind Ort und Dauer der Auslegung mindestens eine Woche vorher ortsüblich bekanntzumachen. Die Form der Bekanntmachung richtet sich nach der jeweiligen Hauptsatzung der Gemeinde, falls diese Frage nicht generell landesrechtlich in der Gemeindeordnung geregelt ist.

>Vgl. dazu Dolde, NJW 1975, 21.

In der Vergangenheit war vielfach streitig, welchen Anforderungen die Bekanntmachung genügen muß, anders formuliert: mit welcher Genauigkeit das Plangebiet zu bezeichnen ist und inwieweit ungenaue oder falsche Bezeichnungen die Bekanntmachung fehlerhaft machen. Das Bundesverwaltungsgericht,

>BVerwGE 55, 369,
>siehe dazu auch
>Gelzer/Birk, aaO, Rz. 331 ff,

hat klargestellt, die Bekanntmachung müsse eine "Anstoßfunktion" erfüllen. Sie müsse geeignet sein, dem interessierten Bürger bewußt zu machen, daß seine Interessen möglicherweise berührt sind.

>BVerwGE 69, 344.

Nicht ausreichend ist danach die Planbezeichnung, wenn diese nur in einer Nummer besteht. Auch die Aufzählung von Flurnummern soll nicht genügen. Ausreichend ist demgegenüber, wenn die Bekanntmachung zur Kennzeichnung des Plangebiets an geläufige geografische Bezeichnungen anknüpft.

Die Bekanntmachung muß weiter den Ort und die Dauer der Auslegung enthalten sowie den Hinweis, daß Bedenken und Anregungen während der Auslegungsfrist vorgebracht werden können. Als Auslegungsort kommt üblicherweise das Dienstgebäude des Planungsamtes, das mit der Planaufstellung betraut ist, in Betracht. Geboten ist eine richtige Orts- und Straßenbezeichnung. Die Auslegungsdauer beträgt einen Monat, wobei der erste Tag mitzuzählen ist. Früher war streitig, wielange der Planentwurf während der Monatsfrist tatsächlich zugänglich sein muß. Das Bundesverwaltungsgericht,

>BVerwG BauR 1980, 437,

hat klargestellt, Bundesrecht gebiete nicht, den Bebauungsplanentwurf während der <u>gesamten Dienststunden der Gemeindeverwaltung</u> auszulegen. Es genüge, wenn die Auslegung auf die Stunden des Publikumsverkehrs beschränkt sei, sofern diese so bemessen sind, daß die Einsichtsmöglichkeiten nicht unzumutbar beschränkt werden.

> Zu möglichen Zweifelsfragen in
> diesem Zusammenhang siehe
> Gelzer/Birk, aaO, Rz. 340 f.

Das Gesetz spricht davon, daß der Entwurf mit Begründung auszulegen ist. Dies bedeutet, Plan und Textteil müssen zugänglich sein.

Nach Auffassung des Hessichen Verwaltungsgerichtshofs,

> HessVGH UPR 1992, 359,

genügt die Auslegung eines Plans im verkleinerten Maßstab den gesetzlichen Anforderungen nicht, soweit nicht der Maßstab der Verkleinerung genannt ist.

Die Begründung muß zu den zentralen Punkten der durch den Plan getroffenen Regelungen Hinweise geben. Sie darf sich nicht auf die Wiederholung des Gesetzeswortlautes oder auf floskelhafte Formulierungen beschränken.

> BVerwG BRS 24 Nr. 15.

Aus den vorstehenden Ausführungen wird deutlich, daß das Auslegungsverfahren fehlerträchtig ist. Dies gilt in besonderem Maße für die Vielzahl der kleineren Gemeinden in den neuen Bundesländern, die keine hinreichende Erfahrung im Vollzug des BauGB besitzen. Im Hinblick hierauf ist es wichtig, die gesetzlichen Regelungen zur Beachtlichkeit bzw. Unschädlichkeit von Verfahrensfehlern zu kennen.

Vgl. hierzu im einzelnen
Birk, aaO, Rz. 69 ff.

Aus §§ 214 Abs. 1 Satz 1 Nr. 1 und Nr. 2, 215 Abs. 1 Nr. 1 BauGB ergibt sich, daß Verfahrensfehler bei der Auslegung nur dann beachtlich sind, wenn sie innerhalb eines Jahres nach Inkrafttreten des Bebauungsplans schriftlich gerügt werden. Nach Ablauf der Jahresfrist sind entsprechende Mängel unbeachtlich und können nicht mehr zur Unwirksamkeit des Bebauungsplans führen. Aus § 216 BauGB folgt aber, daß die Rechtsaufsichtsbehörde, bei der das Genehmigungs- bzw. Anzeigeverfahren nach dem Satzungsbeschluß durchzuführen ist, die Genehmigung wegen derartiger Fehler verweigern bzw. den Beschluß beanstanden kann. Die Beachtlichkeit von Fehlern, die sich aus Verstößen gegen das Kommunalrecht ergeben (so z.B. die Mitwirkung von befangenen Gemeinderäten), bestimmt sich nach den jeweils einschlägigen landesrechtlichen Bestimmungen.

Der Kreis derjenigen, der Bedenken und Anregungen vorbringen kann, ist grundsätzlich unbeschränkt. Formerfordernisse bestehen nicht. Bedenken und Anregungen können schriftlich, mündlich oder zur Niederschrift der Gemeindeverwaltung vorgebracht werden. Dringend empfehlenswert ist die Schriftform, damit später keine Zweifel über den fristgemäßen Vortrag der Bedenken und Anregungen bestehen.

Dem beratenden Juristen ist unbedingt anzuraten, das förmliche Auslegungsverfahren zu nutzen, um möglichst umfassend die Interessen des von ihm Vertretenen geltend zu machen. Dies zum einen schon deshalb, weil nur auf diese Weise sichergestellt ist, daß sich das beschließende Organ mit diesen Interessen auseinandersetzt. Es besteht so zumindest die Chance, die Vorstellungen des Planungsamtes im Hinblick auf eine verstärkte Berücksichtigung der eigenen Interessen zu modifizieren. § 3 Abs. 2 Satz 4 BauGB bestimmt ausdrücklich, daß die fristgemäß vorgebrachten Bedenken oder Anregungen zu prüfen sind.

Hinzuweisen ist darauf, daß auch ein verspätetes Vorbringen von Bedenken und Anregungen (also nach der Auslegungsfrist) nicht unbeachtlich ist. Auch diese müssen im Abwägungsprozeß noch berücksichtigt werden. Lediglich verfahrensrechtlich ist nicht erforderlich, sie wie die fristgerechten Bedenken oder Anregungen zu behandeln,

vgl. Wohlgemuth, aaO, Rz. 105.

Zum anderen kann das Unterlassen der Geltendmachung von Anregungen und Bedenken entscheidende Auswirkungen auf ein späteres Normenkontrollverfahren haben: Dies gilt sowohl im Hinblick auf die Zulässigkeit als auch die Begründetheit eines späteren Normenkontrollverfahrens. Das Bundesverwaltungsgericht,

BVerwG NJW 1980, 1061,

hat zu § 47 Abs. 2 VwGO klargestellt, ein die Antragsbefugnis (also die Zulässigkeit eines Normenkontrollantrags) begründender Nachteil liege vor, wenn der Antragsteller durch den Bebauungsplan oder dessen Anwendung negativ in einem Interesse betroffen wird bzw. in absehbarer Zeit betroffen werden kann, das bei der Entscheidung über den Erlaß oder den Inhalt des Bebauungsplans in der Abwägung berücksichtigt werden mußte, also zum notwendigen Abwägungsmaterial gehörte. Zu diesem "notwendigen Abwägungsmaterial" gehören die Belange, die sich dem Planaufsteller "aufdrängen" müssen.

BVerwG BRS 35 Nr. 24, und
BVerwG BRS 44 Nr. 20.

Ebenso rechnen hierzu aber die im Zuge des förmlichen Auslegungsverfahrens vorgetragenen Anregungen und Bedenken. Da im Einzelfall äußerst zweifelhaft sein kann, ob sich ein bestimmter Belang "aufdrängen" mußte, besteht die erhebliche Gefahr, daß in einem späteren Normenkontrollverfahren schon die Antragsbefugnis verneint wird, wenn im Auslegungsverfahren nichts vorgetragen wurde.

> Näher zu dieser Problematik
> Dürr, Die Antragsbefugnis bei der
> Normenkontrolle von Bebauungs-
> plänen, 1987, S. 60 ff;
> zur Unzulässigkeit eines späteren
> Normenkontrollantrags, wenn im
> Auslegungsverfahren der Sachverhalt falsch dargestellt wird,
> vgl. VGH BaWü BRS 46 Nr. 30.

Das Untätigbleiben kann aber auch Auswirkungen auf die Begründetheit eines Normenkontrollantrags haben: Die der Gemeinde förmlich vorgetragenen Anregungen und Bedenken gehören grundsätzlich zum Abwägungsmaterial, das die Gemeinde beim Satzungsbeschluß berücksichtigen muß. Die Außerachtlassung eines solchen Belangs kann - soweit dieser "schutzwürdig" ist,

> vgl. dazu Dürr, aaO, S. 62 ff
> m.N. für die Rechtsprechung,

zur Nichtigkeit des Bebauungsplans führen.

Wird der Entwurf des Bebauungsplans nach der Auslegung (aufgrund der vorgetragenen Anregungen und Bedenken) geändert oder ergänzt, so ist das Auslegungsverfahren zu wiederholen (§ 3 Abs. 3 BauGB). Die Auslegung kann auf die ergänzten oder geänderten Festsetzungen beschränkt werden. Werden durch die Änderungen bzw. Ergänzungen die Grundzüge der Planung nicht berührt, so kann statt einer erneuten Auslegung das vereinfachte Verfahren mit eingeschränkter

Beteiligung nach § 13 Abs. 1 Satz 4 BauGB durchgeführt werden. Dieses vereinfachte Verfahren ist nach § 2 Abs. 7 BauGB-MaßnG auch zulässig, obwohl die Grundzüge der Planung berührt werden, soweit der Bebauungsplan zur Deckung eines dringenden Wohnbedarfs der Bevölkerung aufgestellt, geändert oder ergänzt wird.

ee) <u>Der Satzungsbeschluß</u>

Nach Durchführung des Auslegungsverfahrens hat die Gemeinde gemäß § 10 BauGB den Bebauungsplan als Satzung zu beschließen. Die formellen Rechtmäßigkeitsvoraussetzungen der Beschlußfassung ergeben sich aus dem jeweils anwendbaren Landesrecht. Regelmäßig entscheidet der Gemeinderat in öffentlicher Sitzung. Die Mitwirkung eines befangenen Ratsmitgliedes führt zur Nichtigkeit der Satzung.

> Ein Überblick über die umfangreiche
> Rechtsprechung zur Befangenheit von
> Ratsmitgliedern findet sich bei
> Birk, aaO, Rz. 126;
> siehe auch
> Wohlgemuth, aaO, Rz. 118.

Zwingend erforderlich ist, daß die Gemeinde vor dem Satzungsbeschluß über die im Auslegungsverfahren vorgetragenen Bedenken und Anregungen entscheidet. Ein früher gefaßter Beschluß ist nichtig.

> Gelzer/Birk, aaO, Rz. 356 m.w.N.

Der Satzungsbeschluß bezieht sich in jedem Fall auf einen bestimmten Lageplan sowie gesonderte textliche Festsetzungen, soweit diese nicht auf dem Lageplan enthalten sind. Umstritten ist, ob sich der Beschluß des Gemeinderats auch auf die Begründung des Bebauungsplans beziehen muß.

Vgl. hierzu
Battis/Krautzberger/Löhr, aaO,
§ 9 Rz. 335.

ff) <u>Das Genehmigungs- und Anzeigeverfahren
gemäß § 11 BauGB</u>

Nach § 11 Abs. 1 Halbs. 1 BauGB bedürfen Bebauungspläne der <u>Genehmigung</u> der höheren Verwaltungsbehörde, soweit ein sogenannter "selbständiger" bzw. "vorzeitiger" Bebauungsplan vorliegt.

Ein "selbständiger" Bebauungsplan ist gemäß § 8 Abs. 2 Satz 2 BauGB gegeben, wenn der Bebauungsplan ausnahmsweise <u>ohne</u> ein Flächennutzungsplan ausreicht, um die städtebauliche Entwicklung innerhalb der (kleinen) Gemeinde zu ordnen. Ein "vorzeitiger" Bebauungsplan liegt nach § 8 Abs. 4 BauGB vor, wenn er aufgestellt, geändert oder ergänzt wird, <u>bevor</u> der entsprechende Flächennutzungsplan aufgestellt ist.

Die Genehmigung stellt eine reine <u>Rechtskontrolle</u> dar. Die Genehmigung darf versagt werden, wenn Verfahrensfehler vorliegen. Da die §§ 214, 215 BauGB über die Unbeachtlichkeit von Verfahrensfehlern für die Genehmigungs- bzw. Anzeigebehörde nicht gelten, kann grundsätzlich jeder Verfahrensverstoß zur Versagung der Genehmigung führen.

Darüber hinaus ist der Bebauungsplan auch auf seine materielle Rechtmäßigkeit hin zu prüfen, insbesondere auf die Einhaltung des Abwägungsgebotes des § 1 Abs. 6 BauGB (dazu näher unten II 3).

Liegen weder Verfahrens- noch materielle Fehler vor, so <u>muß</u> die Rechtsaufsichtsbehörde den Plan genehmigen. Ihr steht kein Ermessen zu. Der Gemeinde gegenüber ist die Genehmigung ein Verwaltungsakt. Gegen ihre Versagung kann sie eine verwaltungsgerichtliche Verpflichtungsklage erheben.

Stellt die Rechtsaufsichtsbehörde Verstöße fest, die ohne Änderung der Grundkonzeption des Plans behoben werden können, so kommt eine "Genehmigung unter Auflagen" in Betracht. Gegenüber der Alternative einer Versagung der Genehmigung hat dieses Vorgehen den Vorteil, daß <u>nach</u> Behebung des Fehlers die Genehmigung als erteilt gilt. Das Genehmigungsverfahren muß nicht nochmals durchlaufen werden.

>Näher zur Genehmigung unter Auflagen
>vgl. Gelzer/Birk, aaO, Rz. 369 ff und
>Gaentzsch, in: Berliner Kommentar,
>Band 1, § 3 Rz. 29 m.w.N.

Hinsichtlich der Auflagen ist zwischen solchen mit Einfluß auf den <u>Inhalt</u> des Planes und solchen nur "redaktioneller Art" zu differenzieren.

>BVerwGE 75, 262;
>BVerwG DVBl 1989, 1109.

Bezüglich <u>inhaltlicher</u> Auflagen ist ein sogenannter Beitrittsbeschluß der Gemeinde erforderlich. Etwas anderes gilt nur bei Klarstellungen und anderen Änderungen lediglich <u>redaktioneller Art</u>. Hinsichtlich der Grundeigentümer, die von der inhaltlichen Auflage betroffen sind, ist das vereinfachte Beteiligungsverfahren nach §§ 3 Abs. 3 Satz 2, 13 Abs. 1 Satz 2 BauGB durchzuführen. Bei weitergehenden Auflagen, die die Gemeinde zu einer Änderung der Plankonzeption zwingen, muß das Auslegungsverfahren wiederholt werden. Eine Bekanntmachung - und damit die Inkraftsetzung des Bebauungsplans - darf erst erfolgen, wenn ein Beitrittsbeschluß gefaßt worden ist.

Bezüglich des Genehmigungsverfahrens ist § 11 Abs. 2 i.V.m. § 6 Abs. 4 BauGB zu beachten. Danach muß über die Genehmigung innerhalb von drei Monaten nach Eingang des Genehmigungsantrags entschieden werden. Möglich ist eine Verlängerung der Frist um weitere drei Monate. Wird die Genehmigung innerhalb dieser Frist nicht erteilt bzw. abgelehnt, so gilt diese nach Ablauf der 3-Monatsfrist als erteilt (Genehmigungsfiktion).

Nach der Neufassung des § 11 BauGB bedürfen nur noch die selbständigen und vorzeitigen Bebauungspläne der förmlichen Genehmigung. Hinsichtlich aller anderen "normalen" Bebauungspläne ist lediglich ein sogenanntes "Anzeigeverfahren" durchzuführen. Grundsätzlich gilt hinsichtlich des Anzeigeverfahrens das, was vorstehend zum Genehmigungsverfahren gesagt wurde. Auch für das Anzeigeverfahren gilt gemäß § 11 Abs. 3 BauGB eine 3-Monatsfrist, innerhalb derer gegebenenfalls Rechtsverstöße geltend zu machen sind. Äußert sich die höhere Verwaltungsbehörde innerhalb dieser 3-Monatsfrist nicht oder erklärt sie vorher ihre Zustimmung, so kann der Bebauungsplan in Kraft gesetzt werden.

Nach allgemeiner Auffassung ist die vom Gesetz eingeführte Differenzierung zwischen Genehmigungs- und Anzeigeverfahren wenig sinnvoll, da weder eine Verfahrenserleichterung noch eine Beschleunigung bewirkt wird.

Vgl. Dürr, VBlBW 1987, 201, 202,
und Gelzer/Birk, aaO, Rz. 381.

Auch in diesem Verfahrensstadium bestehen für den beratenden Juristen noch Einwirkungsmöglichkeiten. Ist ihm bekannt, daß der Satzungsbeschluß gefaßt ist, so kann er mit der Genehmigungsbehörde Kontakt aufnehmen und diese gegebenenfalls auf Verfahrens- und materielle Fehler hinweisen. Es besteht so die Chance, das Inkrafttreten nachteiliger planerischer Festsetzungen zu verhindern. Auch wenn die Aufsichtsbehörden vom Amts wegen die Rechtmäßigkeitsprüfung vornehmen müssen, so kann der beratende Jurist doch das Augenmerk der Rechtsaufsichtsbehörde auf mögliche "Schwachstellen" des Bebauungsplans richten. Die Chancen, in diesem Verfahrensstadium Erfolg zu haben, hängen davon ab, mit welcher Präzision und gegebenenfalls welchen Belegen Fehler im Aufstellungsverfahren nachgewiesen werden können.

Beispiel: Im Aufstellungsverfahren hat ein Grundstückseigentümer gegen die Ausweisung eines verdichteten Wohngebiets in seiner unmittelbaren Nachbarschaft Bedenken vorgetragen und unter anderem auf die kleinklimatologischen Folgen dieser beabsichtigten Bebauung hingewiesen. Die Gemeinde hat die geäußerten Bedenken zurückgewiesen. Durch Vorlage eines (selbst eingeholten) klimatologischen Gutachtens können negative Auswirkungen der beabsichtigten Bebauung aufgezeigt werden. Dies muß zur Versagung der Genehmigung bzw. zur Beanstandung führen.

gg) Das Inkrafttreten des Bebauungsplans

Den förmlichen Abschluß des Planaufstellungsverfahren bildet die ortsübliche Bekanntmachung der Erteilung der Genehmigung bzw. der Durchführung des Anzeigeverfahrens (§ 12 BauGB). Mit dieser Bekanntmachung tritt der Bebauungsplan in Kraft. In der Bekanntmachung sind die Grenzen des genehmigten Plangebietes anzugeben.

BVerwG BauR 1971, 182.

Die Anforderungen an die Kennzeichnung des Plangebietes, d.h. die "Anstoßwirkung" (s.o.), sind hier nicht so streng wie im förmlichen Planauslegungsverfahren. Das Bundesverwaltungsgericht hält die schlagwortartige Kennzeichnung des Plangebiets für ausreichend.

BVerwG BRS 44 Nr. 23.

Auflagen, die die Rechtsaufsichtsbehörde im Genehmigungs- bzw. Anzeigeverfahren gemacht hat, müssen in der Bekanntmachung nicht genannt werden.

> BVerwG NJW 1987, 1346;
> BVerwG ZfBR 1987, 105.

Gemäß § 12 Abs. 2 BauGB muß der Bebauungsplan mit der Begründung zu jedermanns Einsicht bereit gehalten werden. Weiter ist darauf hinzuweisen, welche Fristen und formellen bzw. inhaltlichen Anforderungen hinsichtlich der Rüge von Rechtsverstößen gelten. Unterbleibt dieser Hinweis, so hindert dies nicht das Inkrafttreten des Bebauungsplans. Es führt aber dazu, daß die Fehler, die andernfalls nach Fristablauf nicht mehr geltend gemacht werden können, weiterhin zur Unwirksamkeit des Bebauungsplans führen.

3. Rechtliche Bindung der Bauleitplanung

Wie oben (II a) bereits ausgeführt, obliegt die Bauleitplanung den Gemeinden als Selbstverwaltungsaufgabe. Sie besitzen also planerisches Ermessen. Dieses unterliegt jedoch verschiedenen rechtlichen Bindungen.

a) Das Planungsgebot des § 1 Abs. 3 BauGB

Nach § 1 Abs. 3 BauGB haben die Gemeinden Bauleitpläne aufzustellen, sobald und soweit es für die städtebauliche Entwicklung und Ordnung erforderlich ist. Diese Bestimmung begründet einerseits ein Gebot zur Planaufstellung, sobald und soweit die Voraussetzungen dieser Bestimmung vorliegen. Andererseits statuiert § 1 Abs. 3 BauGB ein Planungsverbot, soweit keine Erforderlichkeit i.S.d. § 1 Abs. 3 BauGB gegeben ist.

Grundsätzlich zu dieser Bestimmung
Weyreuther, DVBl 1981, 371;
siehe auch
Battis/Krautzberger/Löhr, aaO,
§ 1 Rz. 25.

Die Planaufstellungspflicht besteht ausschließlich im öffentlichen Interesse. Kein privater Grundstückseigentümer kann - gestützt auf diese Bestimmung - die Gemeinde zur Aufstellung bzw. Änderung eines Bebauungsplans verpflichten (§ 2 Abs. 3 BauGB). Die Planungspflicht bedeutet, daß die Gemeinde die bauliche Entwicklung in ihrem Gebiet nicht dem "freien Spiel der Kräfte" überlassen soll.

Vgl. Gaentzsch, BauGB,
Band 1, § 1 Rz. 16.

Theoretisch besteht für die Rechtsaufsichtsbehörde die Möglichkeit, die Planungspflicht durch Rechtsaufsichtsmaßnahmen durchzusetzen. Praktisch geworden ist diese - theoretische - Möglichkeit bisher nicht.

Größere Praxisrelevanz besitzt die gesetzliche Einschränkung, daß eine Planaufstellung (gleiches gilt für eine Planänderung bzw. Aufhebung) nur zulässig ist, sobald (zeitlicher Gesichtspunkt) und soweit (sachlicher und räumlicher Umfang) dies in städtebaulicher Hinsicht erforderlich ist. Das Bundesverwaltungsgericht interpretiert diese Schranke restriktiv: Steht eine Bauleitplanung zur städtebaulichen Entwicklung und Ordnung in Beziehung, so ist sie grundsätzlich zulässig.

BVerwGE 34, 301, 305;
BVerwGE 45, 309, 312.

Ob die konkrete Planung (besonders ihre Dimensionierung) gerechtfertigt ist, muß im Rahmen des Abwägungsgebots des § 1 Abs. 6 BauGB geprüft und entschieden werden.

BVerwG,NVwZ 1984, 718, 721;
Battis/Krautzberger/Löhr, aaO,
§ 1 Rz. 26.

Ungeachtet dieser restriktiven Interpretation der Schranke des § 1 Abs. 3 BauGB hat die Rechtsprechung wiederholt Bebauungspläne wegen eines Verstoßes gegen diese Bestimmung für nichtig erklärt: So z.B. in dem Fall, in dem die Planaufstellung nur dazu diente, einem Eigentümer aus wirtschaftlichen Gründen den Verkauf von Baugrundstücken zu ermöglichen.

VGH Mannheim DVBl 1966, 827;
siehe auch
OVG Rheinland-Pfalz BauR 1986, 412.

Beanstandet wurde auch eine Planung, die ausschließlich dazu dienen sollte, eine Fehlentwicklung im privaten Interesse zu legalisieren.

BVerwG DVBl 1985, 901.

Aus § 1 Abs. 3 BauGB ergibt sich auch das Verbot einer sogenannten "Negativplanung". Nach diesem Grundsatz soll ein Bebauungsplan unzulässig sein, wenn er nicht positiv durch Festsetzungen eine Nutzungsart fördern, sondern ausschließlich negativ eine bestimmte Entwicklung verhindern möchte. Das Bundesverwaltungsgericht hat jüngst diesen "Grundsatz" stark eingeschränkt und festgestellt, ein Verstoß gegen § 1 Abs. 3 BauGB in Form einer unzulässigen "Negativplanung" liege nicht schon dann vor, wenn der Hauptzweck der Planung in der Verhinderung bestimmter städtebaulich relevanter Nutzungen bestehe. Eine Unzulässigkeit sei erst dann gegeben, wenn die planerischen Festsetzungen nicht dem Willen der Gemeinde entsprächen, sondern vorgeschoben seien, um eine andere Nutzung zu verhindern.

BVerwG BauR 1991, 165.

Auch wenn aus § 1 Abs. 3 BauGB folgt, daß eine Planaufstellung bzw. -änderung ausschließlich in privatem Interesse unzulässig ist, bedeutet dies nicht, daß die Gemeinde nicht planerische Anregungen eines Grundstückseigentümers aufnehmen kann. Ebenso wie bei dem Rechtsinstitut des Vorhaben- und Erschließungsplans ist es auch nicht zu beanstanden, wenn zunächst ein Privater einen Bebauungsplanentwurf erstellt und die Gemeinde diesen Planentwurf später (nach Durchführung eines ordnungsgemäßen Planaufstellungsverfahrens) zum Inhalt einer Bebauungsplansatzung macht.

BVerwG DVBl 1987, 1273.

Diese Möglichkeit hat besonderes Gewicht für die neuen Bundesländer. Dort sind zahlreiche kleine Gemeinden wegen ihrer geringen personellen und finanziellen Ausstattung und der mangelnden Erfahrung auf dem Gebiet der Bauleitplanung häufig darauf angewiesen, daß die eigentliche "technische" Planungsleistung von privater Seite erbracht wird.

b) <u>Anpassung an die Ziele der Raumordnung und Landesplanung</u>

Die Bauleitplanung ist die räumliche Gesamtplanung für das Gemeindegebiet. Sie muß sich in die übergeordnete Gesamtplanung des Raumes einordnen. Dies ergibt sich aus § 1 Abs. 4 BauGB. Nach dieser Bestimmung sind die Bauleitpläne den Zielen der Raumordnung und Landesplanung anzupassen. Solche Ziele sind in den Raumordnungsplänen der Länder auf der Grundlage des Raumordnungsgesetzes und der Landesplanungsgesetze der Länder enthalten. Die Bestimmung des § 1 Abs. 4 BauGB ist Ausdruck des Gebotes materieller Konkordanz zwischen überörtlicher und örtlicher Gesamtplanung.

Erbguth, Bauplanungsrecht, Rz. 156.

Die Anpassungspflicht bedeutet nicht, daß zwischen übergeordneter und gemeindlicher Planung ein striktes Ableitungsverhältnis besteht. Den Gemeinden kommt ein erheblicher Entfaltungs- bzw. Konkretisierungsspielraum zu. Raumordnerische und landesplanerische Vorgaben dürfen regelmäßig nur auf das Gemeindegebiet als solche bezogene Aussagen treffen. Aussagen, die auf innergemeindliche Teilgebiete bezogen sind, dürfen nur ausnahmsweise getroffen werden.

>Erbguth, aaO, Rz. 156.

Für den einzelnen Grundstückseigentümer ist von Bedeutung, daß Ziele der Raumordnung- und Landesplanung regelmäßig nur die planaufstellende Gemeinde binden. Ein "Durchgriff" auf die Rechtssphäre des einzelnen Grundstückseigentümers findet nicht statt. Diesem kann nicht entgegengehalten werden, sein Vorhaben sei wegen eines Widerspruchs zu raumordnerischen bzw. landesplanerischen Zielen unzulässig. Eine Ausnahme gilt nur für § 35 Abs. 3 Satz 3 BauGB.

>Gaentzsch, BauGB, § 1 Rz. 34;
>siehe auch
>Grooterhorst, NuR 1986, 276.

Soweit in den neuen Bundesländern noch keine Ziele der Raumordnung und Landesplanung bestehen, ist die nach § 246 a Abs. 1 Nr. 1 weiter geltende Vorschrift des § 1 Abs. 4 Satz 2 BauZVO von Bedeutung. Diese Bestimmung besagt, daß soweit keine Ziele vorhanden sind, die aus den Grundsätzen der Raumordnung und des Raumordnungsverfahrens entwickelten sonstigen Erfordernisse der Raumordnung in der Abwägung nach § 1 Abs. 6 BauGB zu berücksichtigen sind. Nach § 246 a Abs. 1 Satz 1 Nr. 1 i.V.m. § 4 Abs. 3 BauZVO besteht eine Mitteilungspflicht der Gemeinde über die beabsichtigte Aufstellung eines Bauleitplanes. Die Gemeinde hat ihre Planungsabsichten mitzuteilen und anzufragen, welche Ziele der Raumordnung und Landesplanung für den Planbereich bestehen. Äußert sich die für die Raumordnung und Landes planung zuständige Stelle nicht innerhalb einer Frist von zwei Monaten, kann die Gemeinde davon ausgehen, daß raumordnerische Bedenken nicht erhoben werden.

c) <u>Das zwischengemeindliche Abstimmungsgebot</u>

Während § 1 Abs. 4 BauGB auf die Einbindung der Bauleitplanung in die <u>überörtliche</u> Gesamtplanung abzielt, bezweckt § 2 Abs. 2 BauGB die Koordinierung der Planung benachbarter Gemeinden. Diese Bestimmung ordnet an, daß die Bauleitpläne benachbarter Gemeinden aufeinander abzustimmen sind. Nach der Rechtsprechung des Bundesverwaltungsgerichts,

BVerwGE 40, 328,

betrifft diese Bestimmung das <u>materielle</u> Abgestimmtsein der Pläne. In verfahrensrechtlicher Hinsicht ergibt sich ein Abstimmungsgebot aus § 4 BauGB, da auch Nachbargemeinden zu den Trägern öffentlicher Belange zählen.

Battis/Krautzberger/Löhr, aaO,
§ 2 Rz. 7.

Die benachbarte Gemeinde hat einen Beteiligungsanspruch. Soweit ihre Interessen betroffen sein können, muß ihr die Gelegenheit zur Äußerung im Planaufstellungsverfahren gegeben werden.

In materieller Hinsicht bedeutet diese Bestimmung nicht, daß eine Gemeinde regelmäßig eigene Belange zurückstellen muß, um die Interessen der Nachbargemeinde in jeder Weise zu schonen. Gefordert ist aber eine wechselseitige Rücksichtnahme. Je mehr die Planung einer Nachbargemeinde konkretisiert und verfestigt ist, um so schutzwürdiger ist sie.

Vgl. Gaentzsch, BauGB, Band 1, Rz. 14.

Das Prinzip der Priorität ist daher ein wichtiger abwägungserheblicher Gesichtspunkt. Trifft eine gemeindliche Planungsabsicht auf konkretisierte Planungen der Nachbargemeinde, so ist in besonderer Weise zu prüfen, ob und inwieweit die eigenen Planungsabsichten möglicherweise gegenüber der Nachbargemeinde "rücksichtslos" und damit unzulässig sind.

d) <u>Die Planungsleitsätze des § 1 Abs. 5 BauGB</u>

Materiell gebunden ist die planerische Gestaltungsfreiheit der Gemeinde auch durch die allgemeinen Planungsleitsätze des § 1 Abs. 5 BauGB. Diese Leitsätze konkretisieren die allgemeinen Ziele der Bauleitplanung, eine dem Wohl der Allgemeinheit entsprechende sozialgerechte Bodennutzung zu gewährleisten und dazu beizutragen, eine menschenwürdige Umwelt zu sichern und die natürlichen Lebensgrundlagen zu schützen. Die Planungsleitlinien des § 1 Abs. 5 BauGB enthalten die Zusammenstellung öffentlicher und privater Belange, von denen der Gesetzgeber fordert, daß sie in besonderer Weise in die Abwägungsentscheidung nach § 1 Abs. 6 BauGB einzustellen sind. Der Katalog des § 1 Abs. 5 Satz 2 ist nur <u>beispielhaft</u>. Er enthält keine abschließende Aufzählung der städtebaulichen Belange.

Battis/Krautzberger/Löhr, aaO,
§ 1 Rz. 59.

Die Reihenfolge, in der die Belange aufgeführt sind, bedeutet keine Rangordnung.

Vgl. Gaentzsch, BauGB, Band 1,
§ 1 Rz. 47.

Der planaufstellenden Gemeinde ist im jeweiligen Einzelfall die Bestimmung aufgegeben, in welcher Art und Weise die Leitsätze zu berücksichtigen sind, und welches Gewicht ihnen zukommt. Bei konfligierenden Leitsätzen, die Belange des Umweltschutzes (§ 1 Abs. 5 Nr. 5 BauGB) stehen zumindest im potentiellen Konfliktverhältnis zu den Belangen der Wirtschaft nach § 1 Abs. 5 Nr. 8 BauGB, muß sie im Einzelfall den Ausgleich der widerstreitenden Interessen vornehmen.

e) <u>Das Abwägungsgebot des § 1 Abs. 6 BauGB</u>

Die wichtigste Bestimmung, aus der Bindungen für die planaufstellende Gemeinde abzuleiten sind, enthält das Abwägungsgebot des § 1 Abs. 6 BauGB. Ihm kommt zentrale Bedeutung zu. Die Rechtsprechung hat in einer Vielzahl von Entscheidungen herausgearbeitet, welche Anforderungen sich aus dem Abwägungsgebot ergeben.

> Grundlegende Entscheidungen sind
> BVerwGE 34, 301, und
> BVerwGE 45, 309;
> aus der unübersehbaren Zahl von Entscheidungen seien aus jüngster Zeit nur beispielhaft folgende genannt:
> OVG Rheinland-Pfalz BauR 1991, 295 (Umfang der Ermittlungspflicht);
> OVG NW BauR 1992, 58, und
> Niedersächsisches OVG BauR 1992, 481 (Abwägung bei Dachneigungen bzw. Dachformen);
> BayVGH BauR 1982, 180 (Abwägung bei "älteren" Bebauungsplänen) und
> VGH BaWü BauR 1992, 368 (Abwägung bei veraltetem Kartenmaterial).

Aus § 1 Abs. 6 BauGB ergeben sich Anforderungen hinsichtlich des Abwägungs_vorgangs_ sowie des Abwägungs_ergebnisses_. Das Abwägungsgebot ist danach verletzt, wenn

- ein sachgerechter Abwägungsvorgang überhaupt nicht stattgefunden hat (Abwägungsausfall);

- in die Abwägung an Belangen nicht eingestellt wurde, was nach Lage der Dinge in sie eingestellt werden mußte (Abwägungsdefizit);

- beim Abwägungsvorgang die Bedeutung der betroffenen Belange verkannt und dadurch die Gewichtung in ihrem Verhältnis zueinander in einer Weise erfolgt ist, die die objektive Gewichtigkeit eines dieser Belange verfehlt (Abwägungsfehleinschätzung).

In der Praxis zeigt sich, daß weit mehr Bebauungspläne gerichtlich wegen Fehler im Abwägungs_vorgang_ beanstandet werden, als im Hinblick auf das Abwägungs_ergebnis_. Während der "Abwägungsausfall" eine seltene Ausnahme darstellt, ist der Fehlertyp des "Abwägungsdefizits" häufig - und zwar in der Form, daß Belange, die im förmlichen Planaufstellungsverfahren vorgetragen wurden, bei der Abwägungsentscheidung nicht berücksichtigt wurden bzw. sich "aufdrängende" Belange (auch ohne ausdrücklichen Vortrag im Planverfahren) unbeachtet geblieben sind.

4. <u>Gerichtliche Kontrolle der Bauleitplanung</u>

Hat ein Grundstückseigentümer bzw. sein beratender Jurist im Planaufstellungsverfahren vergeblich versucht, nachteilige Festsetzungen zu verhindern, stellt sich nach Inkrafttreten eines Bebauungsplans die Frage, ob und in welcher Form hiergegen ein gerichtlicher Rechtsschutz möglich ist.

Die gleiche Frage wird aufgeworfen, wenn ein Grundstückseigentümer an einer angestrebten Nutzung durch einen Bebauungsplan gehindert wird und die Gemeinde nicht bereit ist, den bestehenden Bebauungsplan aufzuheben bzw. zu ändern.

a) <u>Das Normenkontrollverfahren nach § 47 VwGO</u>

Die wichtigste Rechtsschutzmöglichkeit gegen Bebauungspläne bietet das Normenkontrollverfahren nach § 47 VwGO. Gemäß § 47 Abs. 1 Nr. 1 VwGO entscheidet das OVG auf Antrag über die Gültigkeit von Satzungen, die nach den Vorschriften des BauGB erlassen worden sind. Da der Bebauungsplan gemäß § 10 BauGB als Satzung beschlossen wird, ermöglicht diese Bestimmung die gerichtliche Nachprüfung des Bebauungsplans im Rahmen eines Normenkontrollverfahrens.

Dies gilt für alle Bundesländer, auch für das Bundesland Hamburg, obwohl der Bebauungsplan dort als förmliches Gesetz beschlossen wird. Das Bundesverfassungsgericht,

> BVerfGE 70, 36,

hat die Normenkontrolle auch für "gesetzesvertretende" Satzungen für zulässig erklärt. Grundsätzlich zur Normenkontrolle gegen Bebauungspläne

> Quaas/Müller, Normenkontrolle und
> Bebauungsplan, 1986,
> und aus jüngster Zeit
> Rasch mit Überblick über die Rechtsprechung, BauR 1990, 521.

Im Normenkontrollverfahren geht es um die Vereinbarkeit der Satzung als untergesetzliche Rechtsnorm mit höherrangigem Recht. Für den Bebauungsplan bedeutet dies vor allem die Kontrolle, ob er in formeller und materieller Hinsicht im

Einklang mit den Bestimmungen des BauGB steht. Da der Bebauungsplan als gemeindliche Satzung beschlossen wird, ist auch die Einhaltung des landesrechtlich geregelten Gemeinderechts Gegenstand der Kontrolle (dies hat besonders Bedeutung im Hinblick auf häufig vorkommende Fehler wegen Verstöße gegen die Befangenheitsvorschriften).

Hinsichtlich verfahrensrechtlicher Verstöße gegen Bestimmungen des BauGB ist daran zu erinnern, daß durch § 214 BauGB einzelne Verfahrensverstöße generell im Hinblick auf das gerichtliche Verfahren für unbeachtlich erklärt werden. Andere Fehler können nicht mehr geltend gemacht werden, wenn sie nicht innerhalb eines Jahres nach Inkrafttreten der Satzung gerügt worden sind. Mängel der Abwägung sind unbeachtlich, wenn die Rüge nicht innerhalb von sieben Jahren erfolgt ist (§ 215 Abs. 1 Nr. 2 BauGB).

Die Verfassungsmäßigkeit dieser Bestimmung ist heftig umstritten,

vgl. dazu
Gern/Schneider, VBlBW 1988, 125;
Dolde, BauR 1990, 1, und
Schmaltz, DVBl 1990, 77.

In formeller Hinsicht muß die Rüge schriftlich innerhalb der Frist gegenüber der Gemeinde geltend gemacht werden. Eine ordnungsgemäße Rüge verlangt die Geltendmachung des Rechtsverstoßes und die Bezeichnung der Tatsachen, aus denen er hergeleitet wird. Dem Rügeerfordernis ist auch genügt, wenn die Beanstandung in einem Schriftsatz erfolgt, der in einem Normenkontrollverfahren vorgelegt wird.

Vgl. Birk, aaO, Rz. 72.

Die <u>Antragsbefugnis</u> ergibt sich aus § 47 Abs. 2 VwGO. Danach kann jede natürliche oder juristische Person den Antrag stellen, die durch den Bebauungsplan oder deren Anwendung einen Nachteil erlitten oder in absehrer Zeit zu erwarten hat. Die Anforderungen, die sich aus dieser Bestimmung für Bebauungspläne ergeben, hat das Bundesverwaltungsgericht in einer Grundsatzentscheidung konkretisiert.

> BVerwG NJW 1980, 1062;
> Überblick über die aktuelle Rechtsprechung zur Antragsbefugnis bei
> Linke, BauR 1990, 529;
> siehe auch noch
> Rasch, in: Festschrift Gelzer, 1991,
> S. 325 ff.

Das Bundesverwaltungsgericht koppelt hier die Antragsbefugnis an die Anforderungen, die sich aus dem Abwägungsgebot ergeben. Danach ist die Antragsbefugnis gegeben, wenn der Antragsteller durch den Bebauungsplan negativ in einem Interesse betroffen wird, das bei der Entscheidung über den Erlaß des Bebauungsplans in der Abwägung berücksichtigt werden mußte. Da eine uneingeschränkte Koppelung der Antragsbefugnis an die Erhebung von Einwendungen im Auslegungsverfahren dazu geführt hätte, daß jeder, der Anregungen und Bedenken vorgebracht hätte, antragsbefugt wäre, hat das Bundesverwaltungsgericht eine weitere Einschränkung vorgenommen: Die Antragsbefugnis ist nicht gegeben, sofern das betroffene Interesse "objektiv geringfügig ist" bzw. wenn sich deren Träger "vernünftigerweise darauf einstellen müssen", daß sie nachteilig betroffen sind und insoweit die Schutzwürdigkeit fehlt.

> Zu diesem Kriterium
> Dürr, Die Antragsbefugnis bei der
> Normenkontrolle von Bebauungsplänen,
> 1987, S. 62 ff.

Das Normenkontrollverfahren hat eine doppelte Funktion. Es ist sowohl subjektives Rechtsschutzverfahren als auch objektives Prüfungsverfahren.

BVerwG BauR 1992, 48.

Hieraus folgt: Ist ein Antrag nach den oben dargelegten Kriterien zulässig, so hängt der Erfolg des Normenkontrollverfahrens nicht davon ab, daß beim Antragsteller eine subjektive Rechtsverletzung vorliegt. Der (zulässige) Antrag kann also auch im Hinblick auf einen Verstoß gegen Rechtsvorschriften zum Erfolg führen, der in keiner Weise etwas mit dem geltend gemachten Interesse des Antragstellers zu tun hat.

Gegen die Entscheidung des OVG im Normenkontrollverfahren gibt es kein Rechtsmittel. Gegeben ist nur die Möglichkeit einer sogenannten Nichtvorlage-Beschwerde nach § 47 Abs. 7 VwGO, wenn die Rechtssache grundsätzliche Bedeutung hat und das OVG von der Entscheidung eines anderen Oberverwaltungsgerichts bzw. des Bundesverwaltungsgerichts abweicht und die Sache dann - entgegen dem Gebot des § 47 Abs. 5 VwGO - nicht dem Bundesverwaltungsgericht vorgelegt hat.

Der beratende Jurist, der einen Normenkontrollantrag gegen einen Bebauungsplan stellen möchte, sollte dies - soweit möglich - innerhalb eines Jahres nach Inkrafttreten tun. Andernfalls läuft er Gefahr, mit einzelnen verfahrensmäßigen Rügen (s.o.) präkludiert zu sein. Zwingend erforderlich ist in jedem Fall, daß der Antragsteller im gerichtlichen Verfahren Akteneinsicht nimmt. Die Verfahrensakten zum Bebauungsplan werden regelmäßig über das Gericht zur Verfügung gestellt. Erst die sorgfältige Durchsicht der Verfahrensakten ermöglicht eine ordnungsgemäße Interessenvertretung im Normenkontrollverfahren. Nur anhand der Verfahrensakten können Verfahrens- und Formfehler erkannt und (rechtzeitig) gerügt werden. Die Verfahrensakten enthalten auch Hinweise darauf, ob möglicherweise ein Abwägungsdefizit vorliegt. Wurden von den Trägern öffentlicher Belange oder von betroffenen Grundstückseigentümern im Auslegungsverfahren Bedenken vorgetragen und geht die Sitzungsvorlage der Verwaltung, die dem Gemeinderat zur Beschlußfassung über die Einwendungen (vor Satzungsbeschluß) vorgelegen hat, auf diese Gesichtspunkte nicht ein, so ist dies jedenfalls ein Indiz für einen Fehler im Abwägungsvorgang.

>Vgl. hierzu
>BVerwG BauR 1992, 342.

b) <u>Die einstweilige Anordnung gemäß § 47 Abs. 8 VwGO</u>

Ein Normenkontrollantrag nach § 47 VwGO hat keine aufschiebende Wirkung.

>Allgemeine Meinung, vgl. nur
>Quaas/Müller, Normenkontrolle
>und Bebauungsplan, Rz. 248.

Die weitere Vollziehung der Norm, beim Bebauungsplan also die Erteilung einer Baugenehmigung aufgrund der Festsetzungen des Bebauungsplans kann daher nicht durch Stellung eines Normenkontrollantrags verhindert werden. Dies ist nur durch eine einstweilige Anordnung nach § 47 Abs. 8 VwGO möglich.

Hinsichtlich der Antragsberechtigung gelten die gleichen Voraussetzungen wie im Hauptsacheverfahren.

>Vgl. OVG Lüneburg BauR 1990, 580;
>Quaas/Müller, aaO, Rz. 252.

Nach dem Wortlaut des § 47 Abs. 8 VwGO kann die einstweilige Anordnung erlassen werden, wenn dies zur Abwehr schwerer Nachteile oder aus anderen wichtigen Gründen dringend geboten ist. Umstritten ist, ob es sich hierbei um Zulässigkeitsvoraussetzungen oder um eine Frage der Begründetheit des Antrags nach § 47 Abs. 8 VwGO handelt.

> Vgl. einerseits
> Dürr, aaO, S. 124, und
> Quaas/Müller, aaO, Rz. 259;
> siehe auch Kopp, VwGO, 9. Aufl.,
> § 47 Rz. 76 m.w.N.

Einigkeit besteht jedoch darin, daß bei der Prüfung dieser Voraussetzungen ein strenger Maßstab anzulegen ist.

> Redeker/von Oertzen, VwGO, 10. Aufl.,
> 1991, § 47 Rz. 50, und
> Kopp, aaO, § 47 Rz. 76 m.w.N.

Geboten ist eine Interessenabwägung, bei der die Folgen abzuwägen sind, die bei Aufrechterhaltung bzw. vorläufiger Suspendierung der Norm eintreten. Im Rahmen dieser vom Gericht zu treffenden Ermessensentscheidung sind auch die mutmaßlichen Erfolgsaussichten in der Hauptsache zu berücksichtigen.

> BayVGH NVwZ-RR 1990, 353;
> OVG Lüneburg BauR 1990, 579;
> Kopp, aaO, § 47 Rz. 78.

Nach allgemeiner Auffassung liegen die Voraussetzungen für den Erlaß einer einstweiligen Anordnung nicht vor, soweit der Antragsteller effektiven Rechtsschutz durch Anträge nach § 80 Abs. 5 VwGO bzw. § 123 VwGO erreichen kann.

> Quaas/Müller, aaO, Rz. 250;
> Dürr, aaO, S. 130.

An dieser Voraussetzung dürfte eine einstweilige Anordnung gegen einen Bebauungsplan im Regelfall scheitern: Zur Abwehr der Nachteile, die dem Antragsteller durch den Vollzug des Bebauungsplan drohen, kommt regelmäßig das Rechtsmittel des Widerspruchs bzw. eines Antrags nach § 80 a, 80 Abs. 5 VwGO gegen erteilte Baugenehmigungen in Betracht. Da auf diese Weise ausreichender vorläufiger Rechtsschutz gegen Einzelakte zur Verfügung steht, kommt der - subsidiäre - Rechtsschutz nach § 47 Abs. 8 VwGO gegen den Bebauungsplan regelmäßig nicht in Betracht.

VGH Mannheim NJW 1977, 1212;
VGH Mannheim NJW 1981, 1799;
Redeker/von Oertzen, aaO,
§ 47 Rz. 50.

Nur ausnahmsweise kommt eine andere Bewertung in Betracht, wenn etwa die Erteilung einer Vielzahl von Baugenehmigungen aufgrund eines Bebauungsplans droht, so daß ein effektiver Rechtsschutz des durch den Plan Betroffenen nur durch eine Vielzahl von parallelen Gerichtsverfahren erreichbar wäre. In diesem Fall ist es ein Gebot der Prozeßökonomie, den vorläufigen Rechtsschutz gegen den Bebauungsplan selbst und nicht gegen die (Vielzahl) der einzelnen Vollzugsakte zu gewähren.

OVG NW NJW 1980, 1013;
Quaas/Müller, aaO, Rz. 251.

Wegen des regelmäßigen Vorrangs des Rechtsschutzes gegen einzelne Vollzugsakte spielt die einstweilige Anordnung gegen Bebauungspläne in der Praxis nur eine geringe Rolle.

Vgl. die Nachweise bei
Dürr, aaO, S. 123.

c) Die inzidente Plankontrolle

Eine andere Möglichkeit, in einem gerichtlichen Verfahren die Fehlerhaftigkeit eines Bebauungsplans geltend zu machen, besteht in der sogenannten "Inzidentkontrolle" eines Bebauungsplans.

> Vgl. hierzu
> Dageförde, VerwArch 1988, 123 ff.

Häufig wird in einem baurechtlichen Verwaltungsrechtsstreit der Ausgang des Prozesses davon abhängen, ob der Bebauungsplan, auf den die streitige Verwaltungsentscheidung gestützt wird, rechtswirksam ist. Dies gilt sowohl in der Konstellation, in der ein Bauwilliger die Erteilung einer Baugenehmigung erstrebt, und diese unter Hinweis auf entgegenstehende Festsetzungen eines Bebauungsplans versagt wird als auch in dem Fall, daß ein Nachbar eine ihn belastende Baugenehmigung angreift, die auf einen Bebauungsplan gestützt ist. In vielen Fällen wird bei Unwirksamkeit des zugrundeliegenden Bebauungsplans die streitgegenständliche Verwaltungsentscheidung rechtswidrig sein. Der in Verwaltungsprozessen tätige Jurist muß diese Möglichkeit stets im Auge haben. Er muß beim Verwaltungsgericht gegebenenfalls darauf hinwirken, daß die Verfahrensakten des einschlägigen Bebauungsplans hinzugezogen werden. Er muß - wie im Normenkontrollverfahren - Akteneinsicht nehmen, um möglicherweise anhand der Planungsakten Rechtsverstöße aufzuzeigen, die zur Unwirksamkeit des Bebauungsplans führen. Zwar gilt im Verwaltungsprozeß grundsätzlich der Untersuchungsgrundsatz. Da aber das Bundesverwaltungsgericht gemahnt hat, die Verwaltungsgerichte sollten nicht "ungefragt auf Fehlersuche" gehen,

> BVerwG DVBl 1980, 230,

bedeutet dies, daß der vertretende Jurist im baurechtlichen Prozeß gehalten ist, eben diese "Fehlersuche" zu betreiben.

Bejaht das Verwaltungsgericht im Ergebnis die Unwirksamkeit des Bebauungsplans, so ist diese Entscheidung - anders als die Nichtigkeitserklärung im Normenkontrollverfahren - nicht allgemein verbindlich. Sie hat nur Wirkungen inter partes. D.h. die Nichtigkeit des fraglichen Bebauungsplans ist für andere Rechtsstreitigkeiten zwischen anderen Beteiligten durch die "inzidente" Verwerfung im Einzelfall nicht festgestellt.

5. Entschädigungsfragen (§§ 39 bis 44 BauGB)

Wie bereits oben dargestellt (II 1 b aa) konkretisiert der Bebauungsplan Inhalt und Schranken des Eigentums. Durch Aufstellung, Änderung oder Aufhebung des Bebauungsplans können daher Grundstückseigentümer nachteilig in ihrem Eigentumsrecht betroffen sein. Welche Ansprüche derart betroffenen Grundstückseigentümern zustehen, behandeln die §§ 39 ff BauGB. § 39 BauGB regelt den Ausgleich von Anfwendungen, die im Vertrauen auf einen Bebauungsplan getätigt wurden (Vertrauensschadensausgleich). Die speziellen Entschädigungstatbestände der §§ 40, 41 BauGB regeln Voraussetzungen und Rechtsfolgen von Entschädigungsansprüchen, wenn ein Grundstückseigentümer durch Aufhebung bzw. Einschränkung der "Privatnützigkeit" seines Grundstücks betroffen ist. § 42 BauGB regelt generell Ansprüche bei Änderung und Aufhebung einer zulässigen Nutzung.

a)　　Ersatz des Vertrauensschadens nach § 39 BauGB

§ 39 BauGB regelt den Fall, daß Eigentümer (oder sonstige Nutzungsberechtige) "im berechtigten Vertrauen auf den Bestand eines rechtsverbindlichen Bebauungsplans Vorbereitungen für die Verwirklichung von Nutzungsmöglichkeiten getroffen (haben)", die sich später, in Folge einer Änderung, Ergänzung oder Aufhebung des Bebauungsplans als sinnlos erweisen. In Betracht kommt z.B. die Möglichkeit, daß ein Grundstückseigentümer eine aufwendige Planung für die Bebauung seines Grundstücks in Auftrag gibt, diese aber nach einer Planänderung nicht mehr realisiert werden kann.

Aus dem Wortlaut des § 39 BauGB folgert die herrschende Meinung, daß nur Aufwendungen im Vertrauen auf einen rechtsverbindlichen Bebauungsplan Entschädigungsansprüche auslösen können.

> Battis/Krautzberger/Löhr, aaO,
> § 39 Rz. 6, und
> Gaentzsch, BauGB, § 39 Rz. 3.

Ist der Bebauungsplan, zu dessen Realisierung ein Grundstückseigentümer Aufwendungen tätigt, (unerkannt) unwirksam, weil z.B. ein Verstoß gegen das Abwägungsgebot des § 1 Abs. 6 BauGB vorliegt, so bestehen keine Ansprüche nach § 39 BauGB.

Im Hinblick auf den eindeutigen Wortlaut lehnt die herrschende Meinung auch eine (analoge) Anwendung des § 39 BauGB ab, wenn eine bisher nach § 34 BauGB zulässige Nutzung durch eine Planaufstellung unmöglich gemacht wird.

> Battis/Krautzberger/Löhr, aaO,
> § 39 Rz. 7;
> Gaentzsch, BauGB, § 39 Rz. 4;
> a.A. Birk, NVwZ 1984, 1, 5.

Anspruchsvoraussetzung ist weiter das Vorliegen eines berechtigten Vertrauens. Ausgeschlossen sind daher Entschädigungsansprüche, soweit im Einzelfall Umstände vorliegen,
die das Vertrauen des Bürgers auf den Fortbestand des Bebauungsplans zerstören. Dies ist insbesondere dann zu bejahen, wenn ein Verfahren zur Änderung, Ergänzung oder Aufstellung eines Bebauungsplans bereits eingeleitet und ortsüblich bekanntgemacht worden ist.

     Gaentzsch, BauGB, § 39 Rz. 9.

Zum Umfang der Entschädigung gilt, daß § 39 BauGB nur Auf-
wendungsersatz gewährt; und zwar nur insoweit, als die Aufwendungen tatsächlich zur Vorbereitung von Nutzungsmöglichkeiten getätigt wurden. Ausgeschlossen sind danach Ansprüche auf entgangenem Gewinn oder wegen der Wertminderung des
Grundstücks (solche Ansprüche werden - soweit die Voraussetzungen vorliegen - von den §§ 40 bis 42 BauGB erfaßt).
Typische - ersatzfähige - Aufwendungen sind Kosten für
Planentwürfe, Bodenuntersuchungen, Gebühren und Schadens-
ersatzforderungen wegen nicht realisierter Bauaufträge. Die
Kosten für den Grundstückserwerb selbst fallen nicht unter
§ 39 BauGB.

     Battis/Krautzberger/Löhr, aaO,
     § 39 Rz. 3.

b) Entschädigungsansprüche nach §§ 40, 41 BauGB

§§ 40 und 41 BauGB regeln die Entschädigung für die Fälle,
in denen durch Festsetzung eines Bebauungsplans einem
Grundstück die Privatnützigkeit ganz oder teilweise entzogen wird. Nach herrschender Meinung handelt es sich bei dem
hier geregelten Sachverhalt um eine Enteignungsentschädi-
gung i.S.d. Art. 14 Abs. 3 GG.

Gaentzsch, BauGB, § 40 Rz. 1.

§§ 40, 41 BauGB enthalten die speziellen Entschädigungsregelungen, die in ihrem Anwendungsbereich die generelle Norm des § 42 BauGB verdrängen. § 40 Abs. 1 Satz 1 BauGB zählt in 14 Ziffern Festsetzungen auf, die typischerweise zum Entzug der Privatnützigkeit eines Grundstücks führen. So stellt z.B. die Festsetzung einer Fläche für den Gemeinbedarf (Rathaus), für eine von Bebauung freizuhaltende Schutzfläche ebenso wie für Verkehrs- oder Grünflächen typischerweise eine fremdnützige, im Interesse der Allgemeinheit getroffene Festsetzung dar. Der Eigentümer, dessen Grundstück von einer derartigen Festsetzung betroffen ist, ist (künftig) an einer anderweitigen Nutzung und damit Verwertung seines Grundstücks gehindert.

§ 40 BauGB regelt nun im einzelnen, wann dem Eigentümer bei derartigen Festsetzungen,

> die Festsetzung muß gültig sein, vgl.
> Gaentzsch, aaO, § 40 Rz. 4,

ein Entschädigungsanspruch zusteht. Grundsätzlich richtet sich der Anspruch auf Übernahme der Flächen durch den Begünstigten (gegen Entschädigung), wenn und soweit es ihm mit Rücksicht auf die Festsetzung oder Durchführung des Bebauungsplans wirtschaftlich nicht mehr zuzumuten ist, sein Grundstück zu behalten oder es in der bisherigen oder einer anderen zulässigen Art zu nutzen oder Vorhaben nach § 32 BauGB nicht ausgeführt werden dürfen, und dadurch die bisherige Nutzung einer baulichen Anlage aufgehoben oder wesentlich herabgesetzt wird. Die Festsetzung allein begründet also den Entschädigungsanspruch noch nicht. Hinzukommen muß weiter die in § 40 Abs. 2 BauGB näher definierte Umzumutbarkeit.

Ausnahmsweise kommt nach § 40 Abs. 3 Satz 1 BauGB ein Entschädigungsanspruch in Geld für wirtschaftliche Erschwernisse der Fortsetzung der bisherigen Nutzung in Betracht, wenn die Voraussetzungen für Übernahmeansprüche nach Abs. 2 Satz 1 nicht vorliegen und wenn der Entschädigungspflichtige den Eigentümer nicht gemäß § 42 Abs. 3 Satz 3 zu Recht auf die Übernahme verweist.

> Gaentzsch, BauGB, § 40 Rz. 24.

§ 41 BauGB enthält Regelungen, wenn durch planerische Festsetzungen (Geh-, Fahr- und Leitungsrechten sowie Bindungen für Bepflanzungen) die Privatnützigkeit nicht vollständig, jedoch teilweise aufgehoben wird. Hier kann der Eigentümer unter der Voraussetzung des § 40 Abs. 2 BauGB verlangen, daß die im Plan festgesetzten Rechte tatsächlich begründet werden (z.B. durch Eintragung einer Grunddienstbarkeit). Die Begründung dieser Rechte löst dann die Entschädigungspflicht des Begünstigten aus.

Das Verfahren regelt sich nach § 43 BauGB. Erzielt der Grundstückseigentümer mit dem Begünstigten keine Einigung, so kann der Eigentümer einen Antrag auf Entziehung des Eigentums oder auf Begründung des Rechts bei der Enteignungsbehörde stellen (§ 43 Abs. 1 Satz 2 BauGB). Es findet in diesem Fall ein Enteignungsverfahren entsprechend dem 5. Teil des BauGB statt - und zwar auf Betreiben des durch die Festsetzung belasteten Grundstückseigentümers.

c) <u>Entschädigung bei Änderung oder Aufhebung einer zulässigen Nutzung (§ 42 BauGB)</u>

§ 42 BauGB ist die - wichtige - Grundnorm des Planungsschadensrechts, die immer dann eingreift, wenn die Spezialtatbestände der §§ 40, 41 BauGB nicht vorliegen. § 42 Abs. 1

BauGB statuiert den Grundsatz, daß der Eigentümer eine angemessene Entschädigung in Geld verlangen kann, wenn die zulässige Nutzung seines Grundstücks aufgehoben oder geändert wird und hierdurch eine nicht nur unwesentliche Wertminderung des Grundstücks eintritt.

Beispiel: Nach den Festsetzungen eines Bebauungsplans konnte ein Grundstück bisher mit einem 4-geschossigen Wohnhaus bebaut werden. Nach einer Planänderung ist nunmehr - aus kleinklimatischen Gründen - eine Festsetzung als private Grünfläche getroffen worden. Die bauliche Nutzbarkeit wurde vollständig beseitigt.

Voraussetzung für die Anwendung des § 42 BauGB ist das Vorliegen einer zulässigen Nutzung. Anders als bei § 39 BauGB ist es gleichgültig, ob die zulässige Nutzung auf einem Bebauungsplan beruht oder ob diese aus §§ 33, 34 oder 35 BauGB folgt.

>   Battis/Krautzberger/Löhr, aaO,
>   § 42 Rz. 4;
>   Gaentzsch, BauGB, § 42 Rz. 5.

Aus dem Erfordernis der Zulässigkeit der baulichen Nutzung ergibt sich, daß auch die Erschließung des Grundstücks gesichert sein muß. Bei einem Grundstück, das zwar im Bebauungsplan als Baufläche festgesetzt ist, das aber bisher nicht ausreichend erschlossen ist, liegt keine zulässige bauliche Nutzungsmöglichkeit vor.

>   Battis/Krautzberger/Löhr, aaO,
>   § 42 Rz. 5;
>   in Ausnahmefällen kann etwas anderes
>   gelten, wenn ein Rechtsanspruch auf
>   Durchführung der Erschließung besteht:
>   dazu näher
>   Uechtritz, BauR 1983, 523, 527.

Anspruchsvoraussetzung ist weiter das Eintreten einer nicht unwesentlichen Wertminderung. Hierfür sind keine besonders hohen Ansprüche zu stellen. Bereits Wertminderungen von mehr als 10 % sollen nicht mehr als unwesentlich gelten.

> Battis/Krautzberger/Löhr, aaO,
> § 42 Rz. 6.

Die Frage, ob eine solche "nicht unwesentliche Wertminderung" tatsächlich vorliegt, ist objektiv zu beurteilen. Auf die subjektiven Verwertungsmöglichkeiten des Grundstückseigentümers kommt es nicht an. Entscheidend ist, ob der "gesunde Grundstücksverkehr" das Grundstück nach Durchführung der Planaufhebung bzw. -änderung als im Wert gemindert ansieht. Liegen diese Voraussetzungen vor, so bemißt sich nach § 42 Abs. 2 BauGB die Höhe der Entschädigung nach dem Unterschied zwischen dem Wert des Grundstücks aufgrund der (bisherigen) zulässigen Nutzung und dem Wert, der sich in Folge der Aufhebung oder Änderung ergibt.

Dieser - weitreichende - Schutz des Grundstückseigentümers gegen die wirtschaftlichen Auswirkungen einer Planänderung bzw. -aufhebung besteht jedoch gemäß § 42 Abs. 3 BauGB nur, wenn die Nutzungsaufhebung bzw. -änderung innerhalb einer Frist von sieben Jahren ab Zulässigkeit folgt.

> Ausführlich zur Berechnung der
> 7-Jahresfrist,
> Uechtritz, BauR 1983, 523, 527 f m.w.N.;
> zur Fristberechnung bei der nachträglichen
> "Heilung" eines Bebauungsplans siehe
> BGH NJW 1992, 26, 33.

Erfolgt die Planaufhebung bzw. -änderung <u>nach</u> Ablauf der 7-Jahresfrist, so können bisher zulässige jedoch nicht ausgeübte Nutzungsmöglichkeiten entschädigungslos entzogen werden.

Wenn im oben erwähnten Beispielsfall das Grundstück, auf dem eine 4-geschossige Wohnbebauung zulässig war, bisher als private Grünfläche genutzt wurde, so kann die Aufhebung der Wohnnutzung und Neufestsetzung als private Grünfläche entschädigungslos erfolgen, wenn die Möglichkeit zur Realisierung der Wohnnutzung sieben Jahre bestand und innerhalb dieser Frist nicht genutzt wurde.

Diese einschneidende Bestimmung ermöglicht es Gemeinden, unerwünschte Nutzungsmöglichkeiten (z.B. Spielhallen oder großflächige Einzelhandelsbetriebe außerhalb der zentralörtlichen Versorgungsbereiche) durch Planänderung zu vereiteln, ohne daß diese Maßnahmen die Gemeinden mit hohen Entschädigungsleistungen nach § 42 BauGB belasten werden. Derjenige, der ein Grundstück erwerben möchte, um eine Nutzungsmöglichkeit zu realisieren, die bei der Gemeinde möglicherweise auf Ablehnung stößt, sollte sich vor Erwerb eines entsprechenden Grundstücks darüber vergewissern, wie lange die entsprechende Nutzungsmöglichkeit bereits besteht. Ist die 7-Jahresfrist des § 42 BauGB verstrichen, so ist das Risiko einer Planänderung zu seinen Lasten deutlich höher (weil für die Gemeinde kostengünstiger realisierbar) als im umgekehrten Fall.

Nach Ablauf der 7-Jahresfrist gewährt § 42 Abs. 3, Abs. 4 BauGB nur noch Entschädigung für Eingriffe in ausgeübte Nutzungen. Danach bestehen Ansprüche, wenn Nutzungen, die aufgrund einer Baugenehmigung ausgeübt werden (und grundsätzlich wegen der Abschirmungswirkung der Baugenehmigung trotz der Planänderung auch weiterhin zulässig wären), künftig unmöglich werden oder wesentlich erschwert werden. Zu denken ist z.B. an den Fall, daß ein gewerblich genutztes Grundstück aufgrund der Festsetzungen des neuen Plans inmitten eines Wohngebiets liegt und wegen der Verwirklichung der Wohnnutzung der Betrieb trotz des baurechtlichen Bestandsschutzes infolge von immissionsschutzrechtlichen Auflagen nicht mehr wirtschaftlich existieren kann.

Vgl. Gaentzsch, BauGB, § 42 Rz. 12.

Die §§ 42 Abs. 5 bis 7 BauGB enthalten Sonderbestimmungen, in denen die strikte 7-Jahresfrist aufgelockert ist. Nach § 42 Abs. 5 BauGB trifft dies dann zu, wenn der Eigentümer an der Verwirklichung seines Vorhabens vor Fristablauf durch eine Veränderungssperre oder eine befristete Zurückstellung gehindert worden ist. § 42 Abs. 6 BauGB schützt den Eigentümer, der vor Fristablauf einen Bauvorbescheid über die Zulässigkeit seines Vorhabens erhalten hat. Diesen Schutz dehnt § 42 Abs. 7 BauGB auf diejenigen aus, bei denen ein Bauantrag bzw. ein Antrag auf Bauvorbescheid, der innerhalb der 7-Jahresfrist gestellt wurde, rechtswidrig abgelehnt wurde.

6. <u>Sicherung der Bauleitplanung</u>

Um zu verhindern, daß die Realisierung der Ziele der Bauleitplanung während des (regelmäßig langwierigen) Planaufstellungs- bzw. Planänderungsverfahrens oder nach dessen Abschluß unmöglich gemacht bzw. erschwert wird, enthält das BauGB in seinem zweiten Teil (§§ 14 bis 28 BauGB) verschiedene rechtliche Instrumente zur Sicherung der Bauleitplanung. Es handelt sich um das Rechtsinstitut der Veränderungssperre (§§ 14, 16 ff BauGB), die förmliche Zurückstellung von Baugesuchen (§ 15 BauGB) sowie die Teilungsgenehmigung (§§ 19 bis 23 BauGB). Auch die gemeindlichen Vorkaufsrechte (§§ 24 bis 28 BauGB) sind hierzu zu rechnen.

a) Die Veränderungssperre

Das Rechtsinstitut der Veränderungssperre (§ 14 BauGB) soll verhindern, daß während eines Planaufstellungs- bzw. Planänderungsverfahrens bauliche Anlagen errichtet, geändert oder beseitigt sowie keine erheblichen oder wesentlich wertsteigenden Veränderungen an Grundstücken und baulichen Anlagen vorgenommen werden. Ohne die Möglichkeit zum Erlaß einer Veränderungssperre bestünde für die Gemeinden die Gefahr, daß während des Planaufstellungsverfahrens Baumaßnahmen oder sonstige Veränderungen an Grundstücken durchgeführt würden, die den Planungszielen der Gemeinde zuwiderlaufen. Ihrer Rechtsnatur nach ist die Veränderungssperre eine gemeindliche Satzung. Sie wird von der Gemeinde beschlossen und bedarf zu ihrer Wirksamkeit der ortsüblichen Bekanntmachung (§ 16 Abs. 2 BauGB). Eine Genehmigung oder eine Anzeige bei der höheren Verwaltungsbehörde ist nicht erforderlich.

Voraussetzung für den Erlaß einer Veränderungssperre ist, daß die Gemeinde einen förmlichen Beschluß zur Planaufstellung bzw. -änderung gefaßt hat. Dabei kann der Beschluß über die Satzung einer Veränderungssperre in der gleichen Gemeinderatssitzung gefaßt werden, in der auch der Planaufstellungsbeschluß gefaßt wird. Zwingend erforderlich ist lediglich, daß zunächst der Planaufstellungsbeschluß und dann der Satzungsbeschluß über die Veränderungssperre gefaßt werden.

 Vgl. BVerwG BauR 1989, 432,
 und VGH BaWü BauR 1988, 185,

dies gibt den Gemeinden die Möglichkeit, rasch auf unerwünschte Bauabsichten zu reagieren: Nicht selten wird nach Einreichung eines Bauantrages, der aus Sicht der Gemeinde unerwünscht, aufgrund der bestehenden planungsrechtlichen Situation aber genehmigungsfähig ist, durch einen Planderungs- bzw. Planaufstellungsbeschluß verbunden mit dem Erlaß einer Veränderungssperre reagiert. Für die Dauer der Veränderungssperre kann das fragliche Vorhaben dann nicht durchgesetzt werden.

Die materiellen Zulässigkeitsvoraussetzungen für den Erlaß einer Veränderungssperre sind gering. Außer dem Vorliegen eines Planaufstellungsbeschlusses wird lediglich verlangt, daß der künftige Planinhalt bereits zu einem Mindestmaß bestimmt und absehbar ist. Diese Konkretisierung muß nicht offengelegt worden sein (so z.B. in der Begründung zur Veränderungssperre), es reicht aus, wenn die Gemeinde gegebenenfalls nachweisen kann, daß entsprechende Planungsvorstellungen bereits vorhanden sind.

> Vgl. hierzu BVerwG NJW 1977, 400;
> siehe auch
> Hauth, BauR 1989, 271 ff;
> fehlt die erforderliche Konkretisierung zum Zeitpunkt des Beschlusses über die Veränderungssperre, so ist diese nichtig und wird nicht durch eine spätere Konkretisierung (nachträglich) geheilt,
> OVG Berlin ZfBR 1989, 173.

Gemäß § 17 Abs. 1 Satz 1 BauGB tritt die Veränderungssperre regelmäßig nach Ablauf von zwei Jahren außer Kraft. Auf diese Frist ist auch der seit einer Zurückstellung eines Baugesuchs nach § 15 Abs. 1 BauGB (dazu sogleich unten) abgelaufene Zeitraum anzurechnen. Anerkannt ist weiter, daß auch sogenannte "faktische" Zurückstellungen anzurechnen sind. Dies bedeutet, auch die Zeiten, in denen ein Genehmigungsantrag nicht hinreichend zügig bearbeitet oder sonstwie verzögert wurde, sind auf die 2-Jahresfrist anzurechnen.

> Siehe hierzu
> OVG Berlin BauR 1991, 188.

Ohne Vorliegen besonderer Umstände kann die Gemeinde von sich aus die Veränderungssperre um ein Jahr verlängern. Eine nochmalige Verlängerung um ein weiteres Jahr (auf insgesamt maximal vier Jahre) ist gemäß § 17 Abs. 2 BauGB nur zulässig, wenn "besondere Umstände" die Verlängerung erfordern. Dies kann dann bejaht werden, wenn beim Planverfahren Besonderheiten wegen des Umfanges, des Schwierigkeitsgrades oder des Verfahrensablaufs eintreten. Erforderlich ist in diesem Fall die Zustimmung der nach Landesrecht zuständigen Behörde. Dies ist regelmäßig die höhere Verwaltungsbehörde.

Gemäß § 17 Abs. 3 BauGB kann eine außer Kraft getretene Veränderungssperre mit Zustimmung der höheren Verwaltungsbehörde ganz oder teilweise erneut beschlossen werden. Um einen Wertungswiderspruch zur Verlängerungsmöglichkeit von drei auf vier Jahre zu vermeiden (diese Verlängerung ist gemäß § 17 Abs. 2 BauGB nur beim Vorliegen "besonderer Umstände" möglich), geht die Rechtsprechung davon aus, daß solche Umstände auch für den erneuten Beschluß einer außer Kraft getretenen Veränderungssperre gelten. Dies allerdings mit der Einschränkung, daß dies nur gilt, wenn die normale Geltungsdauer einer Veränderungssperre einschließlich der ersten Verlängerungsmöglichkeit (also insgesamt drei Jahre) abgelaufen ist.

BVerwG BauR 1977, 31;
siehe auch
Gelzer/Birk, aaO, Rz. 1575 ff.

Dauert im Einzelfall eine Veränderungssperre länger als vier Jahre, so hat der Grundstückseigentümer einen Entschädigungsanspruch. Für den Zeitraum bis zu vier Jahren muß der Grundstückseigentümer eine Veränderungssperre (soweit diese rechtmäßig erlassen wurde) entschädigungslos hinnehmen.

BGH BauR 1979, 127.

Die Veränderungssperre erweist sich in der Praxis als außerordentlich wirkungsvolles Mittel der Gemeinden, unerwünschte Bauvorhaben zu verzögern - und dadurch in vielen Fällen den Bauherrn zur Aufgabe seiner Bauabsichten zu zwingen. In einer Veränderungssperre werden regelmäßig die gemäß § 14 Abs. 1 BauGB möglichen Verbote festgesetzt: Also Untersagung der Errichtung oder Änderung (auch Nutzungsänderung) von baulichen Anlagen sowie einer erheblichen oder wesentlich wertsteigernden Veränderung von Grundstücken. Ist also während der Geltungsdauer einer Veränderungssperre über einen Bauantrag zu entscheiden, so wird dieser regelmäßig ohne nähere inhaltliche Prüfung wegen des Widerspruchs zur Veränderungssperre abgelehnt werden. Zwar gibt § 14 Abs. 2 BauGB die Möglichkeit, eine Ausnahme von der Veränderungssperre zuzulassen. Dies aber nur dann, wenn überwiegende öffentliche Belange nicht entgegenstehen. Eine Chance, mit dieser Ausnahme zum Ziel zu kommen, besteht aber regelmäßig nur dann, wenn die durch die Veränderungssperre zu sichernde Planung eine hinreichende Konkretisierung erreicht hat und absehbar ist, daß das beantragte Vorhaben mit den künftigen planerischen Festsetzungen im Einklang stehen wird.

Als <u>Rechtsmittel</u> gegen eine Veränderungssperre kommt, da diese eine gemeindliche Satzung ist, eine Normenkontrolle nach § 47 VwGO in Betracht.

 Siehe hierzu
 Kuhla, NVwZ 1988, 1084.

Im Hinblick auf die - geringen - Anforderungen, die die Rechtsprechung an die Wirksamkeit einer Veränderungssperre stellt, sind die Erfolgsaussichten von Normenkontrollverfahren gegen eine Veränderungssperre skeptisch zu beurteilen. Soweit die oben dargestellten formellen Rechtmäßigkeitsvoraussetzungen erfüllt sind, bleibt als Prüfungsgegenstand nur noch, ob die künftige Planung zumindest zu einem "Mindestmaß" konkretisiert ist. Regelmäßig kann die Veränderungssperre nicht mit dem Einwand zu Fall gebracht werden, die künftige Planung (soweit diese bereits erkennbar ist) habe einen rechtswidrigen Inhalt und sei daher nicht sicherungsbedürftig. Da der künftige Planinhalt im Zuge des Planaufstellungsverfahrens noch Änderungen erfahren kann, ist eine Veränderungssperre nur in (extremen) Ausnahmefällen rechtswidrig, wenn bereits heute feststeht, daß der künftige Planinhalt schlechterdings nicht rechtmäßig festgesetzt werden kann.

  Vgl. VGH BaWü BWGZ 1988, 133.

b) Die Zurückstellung von Baugesuchen
  nach § 15 BauGB

Dem gleichen Ziel wie die Veränderungssperre dient auch § 15 BauGB. Liegen die Voraussetzungen für den Erlaß einer Veränderungssperre vor (dazu s.o.), so muß die Baugenehmigungsbehörde auf Antrag der Gemeinde die Entscheidung über die Zulässigkeit eines Vorhabens im Einzelfall für einen Zeitraum bis zu zwölf Monaten aussetzen, wenn zu befürchten ist, daß die Durchführung der Planung durch das Vorhaben unmöglich gemacht oder wesentlich erschwert werden könnte. Die Baugenehmigungsbehörde hat bei ihrer Zurückstellungsentscheidung kein Ermessen. Stellt die Gemeinde einen solchen Antrag,

  dieser ist ein Verwaltungsinternum,
  kein Verwaltungsakt,
  Battis/Krautzberger/Löhr, aaO,
  § 15 Rz. 9,

so muß die Genehmigungsbehörde diesem Antrag entsprechen. Die Zurückstellung selbst ist gegenüber dem Antragsteller ein Verwaltungsakt. Dieser hat also das Rechtsmittel des Widerspruchs bzw. nach Durchführung des Widerspruchsverfahrens der Anfechtungsklage. Wie oben im Zusammenhang mit der Veränderungssperre ausgeführt, ist der Zeitraum, der seit einer Zurückstellung vergangen ist, auf eine - eventuell später beschlossene - Veränderungssperre anzurechnen. Bisweilen versuchen Gemeinden als Genehmigungsbehörde die Beschränkung der Zurückstellungsfrist auf zwölf Monate bzw. die durch § 17 Abs. 1 Satz 2 BauGB angeordnete Anrechnung dadurch zu unterlaufen, daß Baugesuche nur zögerlich bearbeitet werden. Der "Erfolg" einer solchen Vorgehensweise scheitert daran, daß der Zeitraum einer faktischen Zurückstellung (also der Nichtbescheidung des Bauantrags nach Ablauf einer angemessenen Bearbeitungsfrist) sowohl auf die Veränderungssperre als auch auf die 12-Monatsfrist des § 15 BauGB anzurechnen ist.

>So zutreffend
>Battis/Krautzberger/Löhr, aaO,
>§ 15 Rz. 6, und
>Gelzer/Birk, aaO, Rz. 1611.

c) <u>Die Teilungsgenehmigung</u>

§ 19 Abs. 1 BauGB ordnet an, daß in bestimmten Fällen die Teilung eines Grundstücks zu ihrer Wirksamkeit der Genehmigung bedarf. Was unter "Teilung" in diesem Sinne zu verstehen ist, bestimmt § 19 Abs. 2 BauGB: Es handelt sich um die dem Grundbuchamt gegenüber abgegebene oder sonstwie erkennbar gemachte Erklärung des Eigentümers, daß ein Grundstücksteil grundbuchmäßig abgeschrieben und als selbständiges Grundstück oder als ein Grundstück zusammen mit anderen Grundstücken oder mit Teilen anderer Grundstücke eingetragen werden soll. Auch das Rechtsinstitut der Teilungsgenehmigung dient der Sicherung der Bauleitplanung. Durch die Einführung des Genehmigungserfordernisses für bestimmte Rechtsvorgänge soll bereits zu einem frühen Zeitpunkt gesichert werden, daß bauliche oder sonstige Nutzungen eines Grundstücks entsprechend den bauplanungsrechtlichen Vorgaben möglich sind und bleiben. Zu dieser sogenannten <u>Sicherungsfunktion</u> tritt die <u>Schutzfunktion</u> hinzu. Da die Teilungsgenehmigung eine Vorwegbeurteilung in planungsrechtlicher Hinsicht enthält, entfaltet sie nach Maßgabe des § 21 BauGB in einem späteren Genehmigungsverfahren Bindungswirkung.

Die Tatbestände, bei denen eine Teilungsgenehmigung erforderlich ist, sind in § 19 Abs. 1 BauGB aufgezählt. Danach sind folgende Teilungsvorgänge genehmigungspflichtig:

- innerhalb des räumlichen Geltungsbereichs eines qualifizierten Bebauungsplans;

- innerhalb der im Zusammenhang bebauten Ortsteile nach § 34 BauGB;

- im Außenbereich nach § 35 BauGB, wenn das Grundstück bebaut oder seine Bebauung genehmigt ist, oder wenn die Teilung zum Zwecke der Bebauung oder der kleingärtnerischen Dauernutzung vorgenommen wird oder nach den Angaben der Beteiligten der Vorbereitung einer solchen Nutzung dient;

- innerhalb des räumlichen Geltungsbereichs einer Veränderungssperre.

Auf die Erteilung der Genehmigung besteht ein <u>Rechtsanspruch</u>. Sie darf nur aus den in § 20 BauGB genannten Gründen versagt werden. Die Versagungsgründe des § 20 Abs. 1

BauGB entsprechen den einzelnen Genehmigungstatbeständen des § 19 Abs. 1 BauGB. Danach ist die Genehmigung zu versagen, wenn

- im Bereich eines qualifizierten Bebauungsplans die Teilung oder die mit ihr bezweckte Nutzung mit den Festsetzungen des Bebauungsplans nicht vereinbar wäre;
  Beispiel: Der Bebauungsplan enthält Festsetzungen über die Mindestgröße der Grundstücke. Durch eine beabsichtigte Grundstücksteilung wird diese Mindestgröße unterschritten;

- im unbeplanten Innenbereich nach § 34 BauGB in Folge der Teilung ein Grundstück entstehen würde, auf dem die mit der Teilung bezweckte Nutzung den Festsetzungen eines (einfachen) Bebauungsplans widersprechen oder sich i.S.d. § 34 BauGB nicht in die Umgebung einfügen würde; wird keine Nutzung bezweckt, darf infolge der Teilung kein Grundstück entstehen, auf dem Vorhaben aus den genannten Gründen unzulässig wären;
  Beispiel: Durch die beabsichtigte Teilung wird ein bestehendes Grundstück so zerschnitten, daß auf den neu gebildeten Grundstücken keine Baukörper mehr möglich sind, die denjenigen der Umgebungsbebauung entsprechen;

- im Außenbereich die Teilung oder die mit ihr bezweckte Nutzung mit einer geordneten städtebaulichen Entwicklung nicht vereinbar wäre, oder wenn die Teilung dazu dient, eine unzulässige Bebauung oder kleingärtnerische Dauernutzung vorzubereiten; im Außenbereich ist zu beachten, daß die Teilung nur genehmigungspflichtig ist, wenn das Grundstück bebaut oder seine Bebauung ist wird oder die

Teilung zum Zwecke der Bebauung vorgenommen wird. Von praktischer Bedeutung ist bei § 20 Abs. 1 Nr. 3 BauGB der Versagungstatbestand, daß die bezweckte Nutzung mit einer geordneten städtebaulichen Entwicklung nicht vereinbar wäre oder wenn die Teilung dazu dient, eine unzulässige Bebauung vorzubereiten. So wäre etwa die Abtrennung eines Teils eines landwirtschaftlich genutzten Betriebsgrundstücks zur Errichtung eines nicht qualifizierten Wohnbauvorhabens unzulässig.

Der Versagungstatbestand des § 19 Abs. 1 Nr. 3 BauGB wird durch § 20 Abs. 2 BauGB ausgedehnt: Danach kann die Genehmigung auch versagt werden, wenn offensichtlich eine andere als die angegebene Nutzung bezweckt wird (die ihrerseits unzulässig wäre) oder keine Nutzung angegeben wird, offensichtlich aber eine unzulässige Nutzung angestrebt wird.

Zu den sich hieraus ergebenden
Fragestellungen vgl.
Gelzer/Birk, Rz. 1673 ff,

- im Geltungsbereich einer Veränderungssperre, soweit die Voraussetzungen für eine Ausnahme von der Veränderungssperre nicht vorliegen.

Die Verfahrensregelungen zur Erteilung der Teilungsgenehmigung enthält § 19 Abs. 3 BauGB. Zuständig ist die Gemeinde, falls diese gleichzeitig Baugenehmigungsbehörde ist, andernfalls die Genehmigungsbehörde. Zur Verfahrensbeschleunigung ordnet § 19 Abs. 3 Satz 3 BauGB an, daß über die Genehmigung binnen drei Monaten nach Eingang des Antrags bei der Genehmigungsbehörde zu entscheiden ist. Kann innerhalb dieser Frist nicht entschieden werden, so kann durch Zwischenbescheid eine Verlängerung der Frist um höchstens drei Monate bestimmt werden. Ergeht keine fristgerechte Entscheidung über die beantragte Teilungsgenehmigung, so gilt diese nach § 19 Abs. 3 Satz 5 BauGB als erteilt. Diese "fiktive" Teilungsgenehmigung entfaltet die gleichen Rechtswirkungen wie eine förmlich erteilte.

BVerwGE 31, 274, 276.

Entsprechend der Funktion der Teilungsgenehmigung als vorweggenommene (Teil-)Entscheidung über die planungsrechtliche Zulässigkeit eines Vorhabens ordnet § 21 BauGB eine (beschränkte) Bindungswirkung an. Ist die Teilungsgenehmigung (auch fiktiv) erteilt, so darf für einen Zeitraum innerhalb von drei Jahren seit der Erteilung eine Baugenehmigung nicht aus den Gründen versagt werden, die im Rahmen des Genehmigungsverfahrens nach § 20 Abs. 1 BauGB geprüft werden mußten. Da nach § 20 Abs. 1 BauGB im Verfahren auf Erteilung der Bodenverkehrsgenehmigung keine Prüfung erfolgt, ob die Erschließung gesichert ist, besteht insoweit keine Bindungswirkung. Ein Baugesuch, das innerhalb der Frist des § 21 Abs. 1 BauGB gestellt worden ist, kann also trotz einer Teilungsgenehmigung wegen fehlender Erschließung abgelehnt werden.

BVerwG NJW 1982, 1060.

Die Bindungswirkung des § 21 Abs. 1 BauGB entfällt, wenn sich die für die Erteilung der Genehmigung maßgeblichen rechtlichen und tatsächlichen Voraussetzungen geändert haben (§ 21 Abs. 2 BauGB). Hier ist an die Aufstellung bzw. Änderung eines Bebauungsplans oder den Erlaß einer Veränderungssperre zu denken.

Die Einhaltung der Bestimmungen des BauGB über die Erteilung einer Teilungsgenehmigung wird nach § 23 Abs. 1 BauGB dadurch gesichert, daß das Grundbuchamt bei einer nach § 19 genehmigungsbedürftigen Teilung eine Eintragung ins Grundbuch erst vornehmen darf, wenn der Genehmigungsbescheid vorgelegt ist. Ist für eine Teilung eine Genehmigung nach § 19 BauGB nicht erforderlich, so hat die Genehmigungsbehörde hierüber ein sogenanntes "Negativattest" auszustellen. Diesem Negativattest kommt die Bindungswirkung des § 21 BauGB nicht zu.

Vgl. Battis/Krautzberger/Löhr, aaO,
§ 23 Rz. 4 m.w.N.

Die Bindungswirkung der Teilungsgenehmigung erstreckt sich auch auf den Nachbarn. Wird diesem die Teilungsgenehmigung zugestellt, so muß er hiergegen Rechtsmittel einlegen. Andernfalls kann er mit späteren Rechtsmitteln gegen die Baugenehmigung, soweit es um Fragen geht, die bei der Teilungsgenehmigung rechtserheblich sind, nicht mehr durchdringen.

BVerwG DÖV 1969, 683;
siehe auch
Erbguth, aaO, Rz. 221.

d) Die gemeindlichen Vorkaufsrechte

Auch die gemeindlichen Vorkaufsrechte der §§ 24 ff BauGB dienen der Sicherung der Bauleitplanung. Darüber hinaus können die Gemeinden über die Vorkaufsrechte die gemeindliche Baulandpolitik steuern. Ihnen wird hierdurch die Möglichkeit gegeben, zur Verwirklichung der städtebaulichen Ordnung Eigentum an Grundstücken zu erlangen, ohne daß ein Enteignungsverfahren durchgeführt werden müßte. Zu unterscheiden sind im einzelnen die allgemeinen Vorkaufsrechte des § 24 Abs. 1 BauGB; die besonderen Vorkaufsrechte des § 25 BauGB, sowie die Vorkaufsrechte nach dem BauGB-MaßnG (§ 3 und § 6 i.V.m. § 7 Abs. 1 Nr. 2).

aa) Das allgemeine Vorkaufsrecht
des § 24 BauGB

§ 24 Abs. 1 BauGB räumt den Gemeinden in folgenden Fällen ein Vorkaufsrecht ein:

- im Geltungsbereich eines Bebauungsplans, soweit es sich um Flächen handelt, für die nach dem Bebauungsplan eine Nutzung für öffentliche Zwecke festgesetzt ist;
  Beispiel: Festsetzung einer Erschließungsanlage oder einer Gemeinbedarfsfläche für die Errichtung eines Rathauses),

- in einem Umlegungsgebiet; dies setzt voraus, daß das Grundstück förmlich in ein Umlegungsverfahren einbezogen worden ist. Der Umlegungsbeschluß muß bekanntgemacht sein (§ 50 Abs. 1 BauGB); nicht erforderlich ist das Vorliegen eines rechtsverbindlichen Bebauungsplans,

- in einem förmlich festgelegten Sanierungsgebiet und städtebaulichen Entwicklungsbereich,

- im Geltungsbereich einer Erhaltungssatzung (vgl. § 172 BauGB).

Voraussetzung für die Ausübung des Vorkaufsrechts ist die Rechtfertigung durch das "Wohl der Allgemeinheit" i.S.d. § 24 Abs. 3 BauGB. Diese Voraussetzung ist erfüllt, wenn im Hinblick auf eine bestimmte Aufgabe überwiegende Vorteile für die Öffentlichkeit angestrebt werden.

BVerwGE 4, 185;
vgl. weiter hierzu
Battis/Krautzberger/Löhr, aaO,
§ 24 Rz. 17 ff.

Die Vorkaufsrechte des § 24 Abs. 1 BauGB bestehen kraft Gesetzes, sofern die vorstehend dargelegten Tatbestandsvoraussetzungen gegeben sind.

bb) <u>Das besondere Vorkaufsrecht nach § 25 BauGB</u>

Ergänzend zu § 24 BauGB haben die Gemeinden die Möglichkeit, <u>durch Satzung</u> zusätzliche Vorkaufsrechte zu begründen. Dies gilt zum einen für unbebaute Grundstücke im Geltungsbereich eines Bebauungsplans. Zum anderen für Gebiete, in denen sie städtebauliche Maßnahmen in Betracht zieht, zur Sicherung einer geordneten städtebaulichen Entwicklung. "In Betracht ziehen" heißt, daß noch keine in die Einzelheiten gehenden Vorstellungen über die Entwicklung des Gebiets vorhanden sein müssen. Die Absichten der Gemeinde müssen allerdings bereits so verdichtet sein, daß bei vernünftiger Betrachtung der Grunderwerb zur Sicherung der für die Entwicklung benötigten Flächen einzuleiten ist.

  Battis/Krautzberger/Löhr, aaO,
  § 25 Rz. 6.

Auch bei den Vorkaufsrechten nach § 25 BauGB gilt § 24 Abs. 3 BauGB (Rechtfertigung der Ausübung durch das Wohl der Allgemeinheit).

cc) <u>Vorkaufsrechte nach dem BauGB-MaßnG</u>

Weitere Vorkaufsrechte wurden nach dem BauGB-MaßnG begründet. Gemäß § 3 BauGB-MaßnG besteht kraft Gesetzes ein Vorkaufsrecht für Grundstücke im Außenbereich, die im Flächennutzungsplan als Wohnbaufläche oder als Wohngebiet dargestellt sind. Mit Hilfe dieses Vorkaufsrechts soll die Vorbereitung und Durchführung von Wohnbauvorhaben in Gebieten, für die die Gemeinde künftig Bebauungspläne aufstellen will, erleichtert werden. Ein Vorkaufsrecht besteht auch nach § 6 i.V.m. § 7 Abs. 1 Nr. 1 BauGB-MaßnG für die Bereiche, die die Gemeinde förmlich durch Satzung als städtebaulichen Entwicklungsbereich festgelegt hat.

Auch für diese Vorkaufsrechte gelten die Voraussetzungen des § 24 Abs. 3 Satz 1 BauGB.

Für alle Vorkaufsrechte enthält § 26 Tatbestände, in denen kraft Gesetzes ein Ausschluß des Vorkaufsrechts besteht. § 27 gibt - gleichfalls für alle Vorkaufsrechte - dem betroffenen Käufer die Möglichkeit, das Vorkaufsrecht abzuwenden, wenn er sich zur plan- bzw. maßnahmegerechten Nutzung des Grundstückes verpflichtet.

dd) <u>Verfahrensfragen</u>

Verfahren und Rechtsfolgen der Ausübung des Vorkaufsrechts sind in § 28 BauGB geregelt. Zur Sicherung des gemeindlichen Vorkaufsrechts muß der Verkäufer der Gemeinde den Inhalt eines abgeschlossenen Grundstückskaufvertrages unverzüglich mitteilen. Gesichert wird die Einhaltung dieser Verpflichtung dadurch, daß das Grundbuchamt gemäß § 28 Abs. 1 Satz 2 BauGB den Käufer erst dann als Eigentümer in das Grundbuch eintragen darf, wenn ihm die Nichtausübung oder das Nichtbestehen eines Vorkaufsrechts nachgewiesen ist.

Die Ausübung des Vorkaufsrechts erfolgt durch Verwaltungsakt gegenüber dem Veräußerer (§ 28 Abs. 2 Satz 1 BauGB). Diese - öffentlich-rechtlich geregelte - Willenserklärung hat zivilrechtliche Wirkung. Das BauGB verweist hinsichtlich der Rechtsfolgen auf die Bestimmungen des BGB über das schuldrechtliche Vorkaufsrecht. Gemäß § 505 Abs. 2 BGB kommt zwischen dem Verkäufer und der Gemeinde ein Kaufvertrag über das veräußerte Grundstück zustande, und zwar zu den Bedingungen, die Verkäufer und ursprünglicher Käufer vereinbart hatten. Eine Ausnahme gilt bei Ausübung des Vorkaufsrechts nach § 24 Abs. 1 Nr. 1 BauGB (Festsetzung einer Nutzung für öffentliche Zwecke im Bebauungsplan). In diesem Fall ist nicht der vereinbarte Kaufpreis zu zahlen. Vielmehr bestimmt die Gemeinde den Kaufpreis entsprechend den Bestimmungen, die bei einer Enteignung als Entschädigung zu zahlen wären. Geschuldet ist also der Verkehrswert. Gleiches gilt bei Ausübung des Vorkaufsrechts in einem förmlich durch Entwicklungssatzung als Entwicklungsbereich bestimmten Gebiets (vgl. § 7 Abs. 1 Nr. 2 BauGB-MaßnG). Bei Ausübung des Vorkaufsrechts nach § 3 BauGB-MaßnG (Wohnbauflächen im Außenbereich) bestimmt § 3 Abs. 3 BauGB-MaßnG, daß nicht der vereinbarte Kaufpreis, sondern der Verkehrswert des Grundstücks im Zeitpunkt des Verkaufsfalls zu zahlen ist; dies aber nur dann, wenn der vereinbarte Kaufpreis den Verkehrswert in einer dem Rechtsverkehr erkennbaren Weise "deutlich überschreitet".

In den neuen Bundesländern gilt dies auch für die Vorkaufsrechte nach §§ 24, 25 BauGB (vgl. § 246 a Abs. 1 Nr. 7 BauGB).

Da das Vorkaufsrecht durch Verwaltungsakt ausgeübt ist, ist bei Streitigkeiten über die Rechtmäßigkeit der Verwaltungsrechtsweg eröffnet.

OVG Münster, NJW 1981, 1467.

Obwohl gemäß § 28 Abs. 2 BauGB das Vorkaufsrecht nur gegenüber dem Verkäufer auszuüben ist, kann eine Anfechtung auch durch den Käufer erfolgen.

Allgemeine Meinung vgl. nur
Battis/Krautzberger/Löhr, aaO,
§ 28 Rz. 20;
Gelzer/Birk, aaO, Rz. 1886.

Wird das sogenannte "limitierte Vorkaufsrecht" gemäß § 28 Abs. 3 BauGB ausgeübt, so findet hiergegen kein Widerspruchsverfahren statt. Nach § 217 Abs. 1 Satz 1 BauGB erfolgt die gerichtliche Überprüfung auch nicht durch das Verwaltungsgericht, sondern durch die Baulandkammer.

7. Verwirklichung der Bauleitplanung

a) Bodenordnende Maßnahmen: Umlegung und Grenzregelung

Im Bebauungsplan wird die zulässige Nutzung unabhängig von den bestehenden Grundstücksgrenzen festgelegt. Häufig können daher die planerischen Festsetzungen nur dann realisiert werden, wenn eine Veränderung der Grundstückszuschnitte erfolgt. Diesem Ziel dienen die Rechtsinstitute der Umlegung (§§ 45 ff BauGB) und der Grenzregelung (§§ 80 ff BauGB).

aa) Die Umlegung

Zweck der Umlegung ist es, die im Planbereich liegenden Grundstücke so neu zu ordnen, daß nach Lage, Form und Größe für die bauliche oder sonstige Nutzung zweckmäßig gestaltete Grundstücke entstehen (§ 45 Abs. 1 BauGB).

Unterschieden wird die Erschließungsumlegung, die dazu dient, bisher noch nicht bebaute Flächen (Außenbereichsflächen) baureif zu machen und die Neuordnungsumlegung, die der Vorbereitung eines bebauten Gebietes für eine im Bebauungsplan festgesetzte Nutzungsänderung dient. Entsprechend ihres Zwecks (Realisierung der Bauleitplanung) darf die Umlegung nur im Geltungsbereich eines Bebauungsplans durchgeführt werden.

Das Umlegungsverfahren ist eine Selbstverwaltungsangelegenheit der Gemeinden. Diese führen entsprechende Verfahren durch, wenn und soweit es zur Realisierung eines Bebauungsplans erforderlich ist.

>Vgl. hierzu Battis/Krautzberger/Löhr, aaO, Vorb. §§ 45 bis 84 Rz. 10.
>Ein Rechtsanspruch auf Durchführung eines Umlegungsverfahrens besteht regelmäßig nicht.

Eingeleitet wird das Umlegungsverfahren durch den <u>Umlegungsbeschluß</u> (§ 47 BauGB). Dieser kann erlassen werden, auch wenn ein Bebauungsplan noch nicht besteht (§ 45 Abs. 2 BauGB).

Der Umlegungsbeschluß ist ein Verwaltungsakt, der ortsüblich bekanntzumachen ist und eine Verfügungs- und Veränderungssperre auslöst (§ 51 BauGB). Im Umlegungsbeschluß ist das Gebiet, in dem die Umlegung durchgeführt werden soll, abzugrenzen. Wird der Umlegungsbeschluß bestandskräftig, so entfaltet er Präklusionswirkung. Der Eigentümer des im Umlegungsgebiet gelegenen Grundstücks kann später (wenn es um die Zuteilung geht) nicht mehr geltend machen, sein Grundstück habe nicht in das Umlegungsgebiet eingezogen werden dürfen.

>BGH BauR 1982, 236 f.

Gegen den Umlegungsbeschluß ist das Rechtsmittel des Widerspruchs zulässig. Seine gerichtliche Überprüfung erfolgt nach § 217 BauGB durch die Baulandkammer. In einem gerichtlichen Verfahren ist die Erforderlichkeit der Umlegung und die sachgerechte Abgrenzung des Gebiets Prüfungsgegenstand.

Verfahrensbeteiligte an der Umlegung sind die Eigentümer der im Umlegungsgebiet gelegenen Grundstücke. Hinzu kommen alle, die schuldrechtliche Berechtigungen (z.B. Mieter, Pächter) an den im Umlegungsgebiet gelegenen Grundstücken besitzen. Alle Grundstücke des Umlegungsgebietes werden rechnerisch zur sogenannten Umlegungsmasse vereinigt (§ 55 Abs. 1 BauGB). Von dieser werden vorab die Flächen, die nach dem Bebauungsplan für die Erschließung des Baugebiets vorgesehen sind (also vor allem die öffentlichen Verkehrsflächen), abgezogen und der Gemeinde zugeteilt (§ 55 Abs. 2, Abs. 3 BauGB).

Die verbleibenden Flächen bilden die Verteilungsmasse. Sie ist an diejenigen zu verteilen, die Grundstücke in das Verfahren eingebracht haben. Für die Verteilung stehen zwei unterschiedliche Maßstäbe zur Verfügung; die Wahl des Maßstabes trifft die Umlegungsstelle nach pflichtgemäßem Ermessen. Bei einer Verteilung nach dem "Wertmaßstab" (§ 57 BauGB) ist die Umlegungsmasse in dem Verhältnis zu verteilen, in dem die Grundstücke der Eigentümer, die an der Umlegung beteiligt sind, hinsichtlich ihres Wertes zueinanderstehen. Bei der Verteilung nach dem sogenannten "Flächenmaßstab" wird von den eingebrachten Grundstücken ein "Flächenbeitrag" abgezogen, der die Umlegungsvorteile abgelten soll. In erstmals erschlossenen Gebieten darf der Flächenabzug bis zu 30 %, in sonstigen Gebieten bis maximal 10 % der eingeworfenen Fläche betragen. Bei der Neuzuteilung durch den Umlegungsplan sollen den Eigentümern Grundstücke zugeteilt werden, die sich in gleicher oder gleichwertiger Lage wie die eingeworfenen Grundstücke befinden, entsprechend den nach §§ 57 f BauGB ermittelten Anteilen. Ist dies nicht möglich, so kann für eine Mehr- bzw. Minderzuteilung ein Ausgleich in Geld erfolgen.

Die Zuteilung erfolgt durch den Umlegungsplan, der aus Umlegungskarte und Umlegungsverzeichnis besteht. Der Umlegungsplan ist ein Verwaltungsakt, der - wie der Umlegungsbeschluß - der gerichtlichen Nachprüfung durch die Kammer für Baulandsachen unterliegt. Der Umlegungsplan darf erst verabschiedet werden, wenn der Umlegungsbeschluß (der das Umlegungsgebiet abgrenzt, s.o.) bestandskräftig ist.

BGH DVBl 1984, 337.

Im Rahmen einer gerichtlichen Überprüfung des Umlegungsplans geht es entscheidend darum, ob der einzelne Eigentümer ein wertgleiches Grundstück erhalten hat. Da Rechtmäßigkeitsvoraussetzung für den Umlegungsplan aber das Vorliegen eines rechtsverbindlichen Bebauungsplans ist, erfolgt im Gerichtsverfahren regelmäßig auch eine Inzidentprüfung des Bebauungsplans, der gewissermaßen die Grundlage für das Umlegungsverfahren bildet. Erweist sich dieser Plan als fehlerhaft und daher nichtig, so ist der Umlegungsplan rechtswidrig und unterliegt der Aufhebung.

BGHZ 66, 322, 331;
BGH BauR 1982, 236.
Näher zu den Rechtmäßigkeitsvoraussetzungen des Umlegungsplans
Kirchberg, in: Redeker/Uechtritz,
Anwaltshandbuch für Verwaltungsverfahren, Umlegungsverfahren,
Rz. 7 ff.

bb) <u>Die Grenzregelung</u>

Die Grenzregelung (§§ 80 ff BauGB) ist ihrem Wesen nach eine vereinfachte Umlegung. Zweck und Voraussetzung sind in § 80 BauGB geregelt. Sie dient (wie die Umlegung) der Herbeiführung einer ordnungsgemäßen Bebauung. Darüber hinaus auch der Beseitigung baurechtswidriger Zustände. Zulässig ist im Geltungsbereich eines Bebauungsplans oder innerhalb des unbeplanten Innenbereichs (§ 34 BauGB), benachbarte Grundstücke oder Teile benachbarter Grundstücke gegeneinander auszutauschen sowie benachbarte Grundstücke, insbesondere Splittergrundstücke oder Teile benachbarter Grundstücke einseitig zuzuteilen, wenn dies im öffentlichen Interesse geboten ist.

>Näher zur Grenzregelung siehe
>Dieterich, Baulandumlegung,
>2. Aufl., 1990, Rz. 465 ff.

b) <u>Die Enteignung</u>

Nach Art. 14 Abs. 3 Satz 2 GG kann der Gesetzgeber die Verwaltung zur Enteignung ermächtigen. Sie ist nach dieser verfassungsrechtlichen Vorgabe nur zum Wohl der Allgemeinheit zulässig. Im Gesetz, das zur Enteignung ermächtigt, müssen Art und Ausmaß der Entschädigung geregelt sein (sogenannte "Junktimklausel" des Art. 14 Abs. 3 Satz 2 GG).

Von dieser verfassungsrechtlichen Ermächtigung hat der Gesetzgeber des BauGB in §§ 85 ff Gebrauch gemacht.

>Einen knappen Überblick über die
>städtebauliche Enteignung gibt
>Erbguth, aaO, S. 100 ff;
>eine detaillierte Darstellung des
>Enteignungsverfahrens findet sich
>bei Beckmann, Enteignungsverfahren,
>in: Redeker/Uechtritz, aaO.

§ 85 Abs. 1 BauGB zählt die zulässigen Enteignungszwecke auf. Von herausragender Bedeutung ist die "planakzessorische Enteignung" des § 85 Abs. 1 Nr. 1 BauGB. Diese gestattet die Enteignung eines Grundstücks, um dies entsprechend den Festsetzungen eines Bebauungsplans zu nutzen oder um eine solche Nutzung vorzubereiten. Häufiger Anwendungsfall ist z.B. die Enteignung einer im Privateigentum stehenden Fläche, die in einem Bebauungsplan als Verkehrsfläche zur Erschließung festgesetzt worden ist.

Zur Frage, unter welchen Voraussetzungen eine Enteignung zugunsten privater Unternehmen zulässig ist,

>vgl. BVerfG NJW 1987, 1251
>(Boxberg);
>dazu näher
>Schmidt/Aßmann, NJW 1987, 1587 ff.

Enteignungsgegenstand ist das Eigentum an Grundstücken bzw. Grundstücksteilen, das entweder vollständig entzogen oder mit dinglichen Rechten (z.B. einer Grunddienstbarkeit) belastet werden kann. Entsprechend der verfassungsrechtlichen Vorgabe ist nach § 87 Abs. 1 BauGB die Enteignung nur zulässig, wenn sie vom Wohl der Allgemeinheit gefordert wird. Allein die Tatsache, daß im Bebauungsplan eine entsprechende Festsetzung getroffen ist, genügt nicht. Zu beachten ist weiter stets der Grundsatz der Erforderlichkeit und das Gebot des geringstmöglichen Eingriffs als Ausdruck des verfassungsrechtlichen Übermaßverbotes.

>Vgl. näher hierzu
>Battis/Krautzberger/Löhr, aaO,
>§ 87 Rz. 4.

So darf keine Enteignung des Gesamtgrundstücks durchgeführt werden, wenn der Enteignungszweck durch Inanspruchnahme einer Teilfläche erreicht werden kann. Ebenso verbietet sich die Enteignung, wenn die Inanspruchnahme durch ein milderes Mittel (z.B. Belastung mit einer Grunddienstbarkeit) erreicht werden kann.

Vgl. Battis/Krautzberger/Löhr, aaO,
§ 87 Rz. 4;
auch die Möglichkeit einer Umlegung
stellt ein milderes Mittel dar, vgl.
OLG Stuttgart NVwZ 1986, 335.

§ 87 Abs. 2 BauGB fordert weiter, daß der Enteignungsbegünstigte sich vergeblich bemüht hat, das zu enteignende Grundstück freihändig zu "angemessenen Bedingungen" zu erwerben.

Zur Frage, wann ein Angebot "angemessen" ist, siehe
Battis/Krautzberger/Löhr, aaO,
§ 87 Rz. 6.

Das Enteignungsverfahren ist in den §§ 104 ff BauGB ausführlich geregelt. Die Höhe der zu leistenden Entschädigung bestimmt sich nach §§ 93 ff BauGB. Entschädigung ist für den Rechtsverlust und sogenannte Folgeschäden zu leisten. Grundsätzlich ist der Verkehrswert geschuldet.

Einzelheiten zur Enteignungsentschädigungen bei Battis, Öffentliches Baurecht und Raumordnungsrecht, 2. Aufl., S. 140 ff.

8. <u>Die planungsrechtliche Zulässigkeit von Vorhaben</u>

a) <u>Allgemeines</u>

Die Errichtung baulicher Anlagen ist grundsätzlich genehmigungspflichtig. Dies ordnen die Bauordnungen aller Länder übereinstimmend an (vgl. § 51 Abs. 1 LBO BaWü). § 29 BauGB verknüpft das landesrechtliche Bauordnungs- und das bundesrechtliche Bauplanungsrecht. Hier ist bestimmt, daß Vorhaben (Errichtung, Änderung oder Nutzungsänderung von baulichen Anlagen), die einer bauaufsichtlichen Genehmigung oder

Zustimmung bedürfen oder der Bauaufsichtsbehörde angezeigt werden müssen, anhand der §§ 30 ff auf ihre Zulässigkeit zu prüfen sind.

> Zum Verhältnis des Begriffs der baulichen Anlage in § 29 BauGB zum bauordnungsrechtlichen Begriff vgl. BVerwGE 44, 59.

Der Landesgesetzgeber darf Bauvorhaben von größerer städtebaulicher Relevanz nicht für genehmigungsfrei erklären und damit dem Anwendungsbereich der §§ 30 ff BauGB entziehen,

> BVerwG NVwZ 1986, 208, 214; zu Problemen der "Verknüpfungsnorm" des § 29 BauGB siehe auch Baumanns, BauR 1992, 557.

Die §§ 30 ff BauGB enthalten für die planungsrechtliche Beurteilung von Vorhaben i.S.d. § 29 BauGB folgende Grundtatbestände:

- § 30 Abs. 1 BauGB: Vorhaben im Geltungsbereich eines qualifizierten Bebauungsplans.

- § 34 BauGB: Vorhaben innerhalb eines im Zusammenhang bebauten Ortsteils.

- § 35 BauGB: Vorhaben im Außenbereich.

§ 33 BauGB enthält eine Sonderbestimmung für Vorhaben im Geltungsbereich eines künftigen Bebauungsplans. § 37 BauGB regelt die Zulässigkeit baulicher Maßnahmen des Bundes und der Länder. § 38 statuiert einen Vorrang für bauliche Maßnahmen, die aufgrund von anderen Gesetzen zugelassen werden. Jedes Grundstück liegt entweder im Geltungsbereich eines qualifizierten Bebauungsplans (§ 30 Abs. 1 BauGB), innerhalb eines im Zusammenhang bebauten Ortsteils (§ 34

BauGB) oder im Außenbereich nach § 35 BauGB. Die planungsrechtliche Zulässigkeit eines Vorhabens ist also stets nach diesen Bestimmungen zu prüfen (sofern nicht die Sondertatbestände der §§ 33, 37 oder 38 BauGB eingreifen).

b) <u>Vorhaben im Geltungsbereich eines qualifizierten Bebauungsplans: § 30 Abs. 1 BauGB</u>

Nach § 30 Abs. 1 BauGB liegt ein sogenannter "qualifizierter" Bebauungsplan vor, wenn er mindestens Festsetzungen über die Art, das Maß der baulichen Nutzung, über die überbaubaren Grundstücksflächen und über die örtlichen Verkehrsflächen enthält. Im Geltungsbereich eines solchen Bebauungsplans ist die planungsrechtliche Zulässigkeit ausschließlich nach den Festsetzungen des Bebauungsplans zu beurteilen. Die Genehmigung ist - soweit keine anderen, von der Baurechtsbehörde zu prüfenden Bestimmungen entgegenstehen (dazu unten, III 6 b) - zu erteilen, soweit das Vorhaben den Festsetzungen des Plans entspricht und die Erschließung gesichert ist.

> Zum Erfordernis der gesicherten Erschließung siehe Schlichter, in: Berliner Kommentar, Band 1, § 30 Rz. 7.

Zusätzlich zu den Anforderungen des Bebauungsplans muß jedes Vorhaben den gesetzlichen Vorgaben des § 15 BauNVO genügen.

§ 15 Satz 2 BauNVO ist Ausdruck des allgemeinen baurechtlichen Rücksichtnahmegebotes,

> vgl. Finkelnburg/Ortloff, Öffentliches Baurecht, Band 1, S. 237 f m.w.N.

Das Vorhaben ist im Einzelfall unzulässig, wenn es nach Anzahl, Lage, Umfang oder Zweckbestimmung der Eigenart des Baugebiets widerspricht, oder wenn von ihm Belästigungen oder Störungen ausgehen können, die nach Eigenart des Baugebiets im Baugebiet selbst oder dessen Umgebung unzumutbar sind.

Während § 15 BauNVO im Einzelfall eine Abweichung von den planerischen Bestimmungen zu Lasten des Bauwilligen bedeuten kann, ermöglicht § 31 BauGB Abweichungen von Bebauungsplänen. Diese Bestimmung ist Ausdruck des Gebots, der Einzelfallgerechtigkeit Raum zu geben.

Vgl. Erbguth, aaO, Rz. 271.

Bebauungspläne beziehen sich regelmäßig auf größere Flächen. Typischerweise kommt ihnen daher ein gewisses Maß an Typisierung zu, das nicht stets den Besonderheiten einzelner Grundstücks gerecht wird. Deshalb ermöglicht § 31 BauGB Planabweichungen.

aa) <u>Ausnahmen nach § 31 Abs. 1 BauGB</u>

Nach § 31 Abs. 1 BauGB können von den planerischen Festsetzungen <u>Ausnahmen</u> zugelassen werden, wenn dies im Bebauungsplan ausdrücklich vorgesehen ist. Die Ausnahme entspricht also grundsätzlich dem planerischen Willen der Gemeinde. Sie stellt keine Durchbrechung des Bebauungsplans dar.

Erbguth, aaO, Rz. 272.

Wird in einem Bebauungsplan pauschal entsprechend der Typik der BauNVO ein bestimmtes Gebiet festgesetzt (z.B. ein allgemeines Wohngebiet nach § 4 BauNVO), so kann anhand eines

Blickes in die BauNVO festgestellt werden, welche Nutzungsarten ausnahmsweise zugelassen sind.

Alle Vorschriften der BauNVO über die einzelnen Gebietstypen sind inhaltsgleich aufgebaut. Sie enthalten im ersten Absatz eine allgemeine Beschreibung der Zweckbestimmung des Baugebiets. In einem zweiten Absatz sind die regelmäßig zulässigen Nutzungsarten, im dritten Absatz die ausnahmsweise zulässigen Arten aufgeführt.

Die Erteilung einer Ausnahme steht im <u>Ermessen</u> der Baugenehmigungsbehörde. Der Bauwillige hat also keinen Rechtsanspruch auf Bewilligung der Ausnahme.

Die Genehmigungsbehörde muß von dem Ermessen entsprechend dem Zweck des Gesetzes Gebrauch machen und darf sich ausschließlich an städtebaulichen Gründen orientieren;

vgl. Erbguth, aaO, Rz. 273.

bb) <u>Befreiungen nach § 31 Abs. 2 BauGB</u>

Über die Ausnahme nach § 31 Abs. 1 BauGB hinausgehend ermöglicht die <u>Befreiung</u> nach § 31 Abs. 2 BauGB im Einzelfall eine Durchbrechung des bauplanerischen Konzepts. Grundsätzliche Voraussetzung für jede Befreiung ist die sogenannte "Atypik", die allerdings bei den drei Befreiungsvarianten des § 31 Abs. 2 BauGB jeweils unterschiedlich zu beurteilen ist.

Schlichter, aaO, § 31 Rz. 17;
zur Atypik als Zulässigkeitsvoraussetzung einer Befreiung siehe auch
Wilke, in: Festschrift Gelzer, 1991,
S. 165 ff.

Das Rechtsinstitut der Befreiung dient der Randkorrektur der typisierenden planerischen Festsetzungen. Wesentliche Abweichungen vom planerischen Konzept können regelmäßig nicht durch Befreiung zugelassen werden.

§ 31 Abs.2 BauGB nennt drei Fälle, in denen eine Befreiung möglich ist. Diese kommt in Betracht, wenn

- <u>Gründe des Wohls der Allgemeinheit</u> die Befreiung erfordern. Dieser Befreiungstatbestand beschränkt sich nicht auf spezifisch bodenrechtliche Belange, sondern erfaßt alles, was unter dem Begriff der "öffentlichen Interessen" zu verstehen ist. Gestützt auf diesen Befreiungstatbestand kommt etwa die planabweichende Zulassung von sozialen Einrichtungen, Umweltschutzanlagen o.ä. in Betracht,

vgl. Schlichter, aaO, § 31 Rz. 20.

Die Voraussetzung des "Erforderns" ist nicht erst dann erfüllt, wenn den Belangen der Allgemeinheit auf keine andere Weise als durch eine Befreiung entsprochen werden kann. Es genügt, wenn diese "vernünftigerweise geboten" ist;

Schlichter, aaO, § 31 Nr. 20,
vgl. auch
Battis/Krautzberger/Löhr, aaO,
§ 31 Rz. 29;

nach § 4 Abs. 1 BauGB-MaßnG liegen Gründe des Wohls der Allgemeinheit bei dringendem Wohnbedarf, auch zur vorübergehenden Unterbringung und zum vorübergehenden Wohnen vor,

dazu Bargou, VBlBW 1992, 367 f und
VGH NVwZ 1992, 277;

- die Abweichung <u>städtebaulich vertretbar</u> ist und die Grundzüge der Planung nicht berührt werden; was "städtebaulich vertretbar" ist, ergibt sich aus § 1 Abs. 5, Abs. 6 BauGB. Zu fordern ist, daß die mit der Befreiung erstrebte Regelung, wenn sie Inhalt einer Planänderung wäre, mit den Planungsleitsätzen des § 1 Abs. 5, besonders dem Abwägungsgebot des § 1 Abs. 6 BauGB vereinbar wäre;

Finkelnburg/Ortloff, aaO, Band 1, S. 243

Das Verbot, die "Grundzüge der Planung" zu berühren, bedeutet, daß die Befreiungen nur ein beschränktes Gewicht haben und die Planungskonzeption nicht beeinträchtigen dürfen.

Schlichter, aaO, § 31 Rz. 26.

Schlichter weist darauf hin, daß die Gesetzesbegründung als Beispiel einen nachträglichen Dachausbau oder die Verschiebung der überbaubaren Grundstücksfläche nennt. Die Zulassung einer planabweichenden Nutzungsart kommt auch nach dieser Befreiungsalternative regelmäßig nicht in Betracht.

Hinsichtlich der Atypik wird bei dieser Befreiungsvariante darauf hingewiesen, die Anforderungen seien geringer, da mit diesem Befreiungstatbestand gerade die Reichweite der Befreiungsmöglichkeit gegenüber der früheren Rechtslage ausgedehnt werden sollte.

Schlichter, aaO, § 31 Rz. 28;
Erbguth, aaO, Rz. 279

Einschränkend hat aber das Bundesverwaltungsgericht in jüngster Zeit klargestellt, daß ein atypischer Sachverhalt jedenfalls dann nicht vorliegt, wenn die für eine Befreiung sprechenden Gründe für jedes oder nahezu für jedes Grundstück im Planbereich gegeben sind.

> BVerwG NVwZ 1990, 556;
> ebenso bereits
> Schlichter, aaO, § 31 Rz. 28.

Bei strenger Anwendung dieser obergerichtlichen Maßstäbe müßte in der Mehrzahl der beantragten Fälle die Befreiung versagt werden bzw. wären erteilte Befreiungen als rechtswidrig zu beurteilen.

Birk,

> aaO, Rz. 626,

weist zutreffend darauf hin, daß die Praxis die restriktive Rechtsprechung weitgehend nicht zur Kenntnis nimmt. Er schätzt, daß ca. 80 bis 90 % aller Befreiungen rechtswidrig sind - eine offenbar nicht beabsichtigte Härte vorliegt. Dieser Befreiungstatbestand ist nach allgemeiner Auffassung eng auszulegen. Umstände in der persönlichen Sphäre des Antragstellers (z.B. wirtschaftliche Situation, familiäre Umstände, wie die Notwendigkeit, weiteren Familienmitglieder ausreichend Wohnraum gewähren zu können, reichen nicht aus. Zulässig ist die Befreiung nur, wenn in bodenrechtlicher Hinsicht Besonderheiten gegeben sind).

> BVerwGE 40, 268;
> Erbguth, aaO, Rz. 82;
> Schlichter, aaO, § 31 Rz. 34.

Dies ist z.B. bei einem atypischen Grundstückszuschnitt der Fall. Das Erfordernis der Atypik bereitet in dieser Konstellation regelmäßig keine besonderen Schwierigkeiten.

Gemeinsame Zulässigkeitsvoraussetzung für alle Befreiungsfälle ist, daß nachbarliche Belange nicht entgegenstehen. Zu prüfen ist also, ob und inwieweit die Plandurchbrechung den Nachbarn belastet. Eine Befreiung von nachbarschützenden planerischen Festsetzungen dürfte regelmäßig nur dann in Betracht kommen, wenn der Nachbar durch die Folgewirkungen der Befreiung nicht oder allenfalls geringfügig beeinträchtigt wird.

> Zum Umfang des Nachbarschutzes bei Befreiungen siehe die Grundsatzentscheidung des
> BVerwG NVwZ 1987, 409;
> zum Nachbarschutz bei unterbliebener Befreiung jüngst
> HessVGH UPR 1992, 197.

Das weitere Erfordernis, daß die Befreiung mit öffentlichen Belangen vereinbar ist, bedeutet, daß die geordnete städtebauliche Entwicklung nicht beeinträchtigt wird.

Schlichter,

> aaO, Rz. 37,

weist zutreffend darauf hin, daß verallgemeinernde Aussagen nur eingeschränkt möglich sind. Eine Kollision mit öffentlichen Belangen liegt umso näher, je tiefer die Befreiung in das Interessengeflecht der Planung eingreift, also deren Grundzüge berührt.

Die Erteilung der Befreiung liegt, auch wenn die tatbestandlichen Voraussetzungen erfüllt sind, im Ermessen der zuständigen Behörde.

> Schlichter, aaO, § 31 Rz. 40.

Die tatbestandlichen Voraussetzungen selbst stellen allerdings unbestimmte Rechtsbegriffe dar, die voll überprüft werden können,

Birk, aaO, Rz. 623.

Hat eine Genehmigungsbehörde die tatbestandlichen Voraussetzungen falsch beurteilt und die Befreiung deshalb abgelehnt, so kann in einem Verwaltungsrechtsstreit regelmäßig nur ein Bescheidungsurteil erreicht werden: Die Ablehnungsentscheidung wird aufgehoben und die Behörde verpflichtet, über den Bauantrag (einschließlich Befreiung) erneut zu entscheiden, unter Beachtung der Rechtsauffassung des Gerichts.

In verfahrensmäßiger Hinsicht ist zu beachten, daß die Befreiung nur im Einvernehmen mit der Gemeinde erteilt werden darf (§ 36 BauGB). Diese darf das Einvernehmen nur binnen zwei Monaten nach Eingang des Ersuchens der Genehmigungsbehörde verweigern, andernfalls gilt es als erteilt (§ 36 Abs. 2 Satz 2 BauGB).

c) <u>Zulässigkeit von Vorhaben im Innenbereich (§ 34 BauGB)</u>

Fehlt es an einem qualifizierten Bebauungsplan i.S.d. § 30 Abs. 1 BauGB, so richtet sich die planungsrechtliche Zulässigkeit eines Vorhabens nach den §§ 34 bzw. 35 BauGB.

Dies gilt auch dann, wenn ein qualifizierter Bebauungsplan zwar vorliegt, dieser aber wegen eines Rechtsfehlers nichtig ist.

Während § 35 BauGB die planungsrechtlichen Zulässigkeitsvoraussetzungen für ein Bauen im Außenbereich aufstellt, regelt § 34 BauGB die Anforderungen, soweit das zu bebauende Grundstück innerhalb eines im Zusammenhang bebauten Ortsteils liegt und kein qualifizierter Bebauungsplan vorliegt. Dabei geht die gesetzgeberische Grundentscheidung davon aus, daß der nicht qualifiziert beplante Innenbereich nach § 34 BauGB - anders als der Außenbereich - grundsätzlich Baulandqualität besitzt.

> Erbguth, aaO, Rz. 283.

Die Bestimmung des § 34 BauGB besitzt für die Praxis eine große Bedeutung. Viele Gemeinden scheuen die - häufig komplizierte - Beplanung bereits bebauter Bereiche. Darüber hinaus fehlen in den neuen Bundesländern bisher weitgehend qualifizierte Bebauungspläne, so daß hier die Bebauung oft über § 34 BauGB gesteuert werden muß.

Rechtsprechung und Literatur zu § 34 BauGB sind äußerst umfangreich.

> Vgl. nur
> Gelzer/Birk, aaO, Rz. 379 ff;
> Finkelnburg/Ortloff, aaO, Band 1,
> S. 247 ff, sowie
> Erbguth, aaO, Rz. 283 ff.

Im folgenden kann nur ein Überblick über die Anwendungsprobleme des § 34 BauGB gegeben werden, die in der Praxis erfahrungsgemäß am häufigsten auftreten.

aa) § 34 Abs. 1 BauGB

§ 34 Abs. 1 BauGB enthält den Grundtatbestand für die Zulässigkeit von Vorhaben im Innenbereich. Voraussetzung seiner Anwendung ist zunächst, daß ein Ortsteil vorliegt. Ein "Ortsteil" ist jeder Bebauungszusammenhang im Gebiet einer Gemeinde, der nach der Zahl der vorhandenen Bauten ein gewisses Gewicht besitzt und Ausdruck einer organischen Siedlungsstruktur ist.

> BVerwGE 31, 20, 22.

Die Zahl der baulichen Anlagen allein ist nicht ausschlaggebend. Welche Mindestanforderungen hier bestehen, kann nicht für alle Gemeinden einheitlich beantwortet werden. Bei kleineren Gemeinden können auch wenige Gebäude einen Ortsteil bilden.

> Vgl. z.B. VGH BaWü BauR 1984, 496, und
> BGH BaWü BauR 1987, 59;
> näher zum Begriff des Ortsteils
> Gelzer/Birk, aaO, Rz. 1097.

Ein "Ortsteil" liegt nicht vor, wenn die Bebauung nach Art einer Splittersiedlung die Landschaft zersiedelt; so z.B. bei einer regellosen Anhäufung von Bauten.

> Vgl. Finkelnburg/Ortloff, Öffentliches
> Baurecht, Band 1, S. 248;
> zur Frage, inwieweit Lücken einen
> Bebauungszusammenhang unterbrechen können,
> siehe Finkelnburg/Ortloff, ebenda;
> sowie Erbguth, aaO, Rz. 285 m.w.N.

Anwendungsvoraussetzung des § 34 Abs. 1 BauGB ist weiter, daß das Grundstück innerhalb des Ortsteils liegt. Daran fehlt es in der Regel, wenn sich das Grundstück lediglich an eine vorhandene Bebauung anschließt. § 34 Abs. 1 BauGB soll kein "Hineinfressen" der Bebauung in den Außenbereich ermöglichen.

Im Einzelfall können topografische Besonderheiten, z.B. ein Gewässerverlauf oder die unterschiedliche Höhenlage von Grundstücken, ein abweichendes Ergebnis rechtfertigen,

vgl. BVerwG DVBl 1975, 509.

Da die Abgrenzung des Innenbereichs vom Außenbereich vielfach zweifelhaft sein kann, gibt § 34 Abs. 4 BauGB den Gemeinden die Möglichkeit, den Innenbereich durch Satzung festzulegen. Durch sogenannte Abgrenzungssatzung (§ 34 Abs. 4 Nr. 1 BauGB) können die Grenzen des bebauten Ortsteils bestimmt werden. Diese Festlegung hat nur deklaratorischen Charakter.

Schlichter, aaO, § 34 Rz. 61.

Zulässig ist weiter bisher im Außenbereich gelegene Grundstücke, wenn diese im Flächennutzungsplan als Baufläche dargestellt sind, durch eine sogenannte "Entwicklungssatzung" mit konstitutiver Wirkung als Ortsteil i.S.d. § 34 Abs. 4 Nr. 2 BauGB festzulegen.

Näher dazu Schlichter, aaO, § 34 Rz. 62.

Ferner können durch Erlaß einer sogenannten "Abrundungssatzung" (§ 34 Abs. 4 Nr. 3) einzelne Außenbereichsgrundstücke "zur Abrundung der Gebiete" in den Ortsteil einbezogen werden.

Diese Bestimmung gestattet es nicht, den bebauten Ortsteil in den Außenbereich hinein über eine "Abrundung" hinaus zu erweitern.

>Vgl. HessVGH NVwZ-RR 1988, 7, 8;
>Battis/Krautzberger/Löhr, aaO,
>§ 34 Rz. 80.

Da der Erlaß von Satzungen gemäß § 34 Abs. 4 Nr. 2 und 3 BauGB Grundstücken mit konstitutiver Wirkung Baulandqualität verleiht, der Satzungserlaß also einen Akt planerischer Gestaltung darstellt, müssen diese Satzungen dem Abwägungsgebot des § 1 Abs. 6 BauGB entsprechen.

>Erbguth, aaO, Rz. 287 m.w.N.

Sind die Anwendungsvoraussetzungen des § 34 Abs. 1 BauGB gegeben, so bestimmt sich die Zulässigkeit danach, ob sich das geplante Vorhaben in die Eigenart der näheren Umgebung einfügt. Weiter muß die Erschließung gesichert sein; die Anforderungen an gesunde Wohn- und Arbeitsverhältnisse müssen gewahrt bleiben, und das Ortsbild darf nicht beeinträchtigt werden. Zentrale Bedeutung kommt dem Kriterium des "Einfügens" in die "nähere Umgebung" zu.

Die "nähere Umgebung" reicht so weit, wie sich das beabsichtigte Vorhaben auswirken kann und wie die Umgebung ihrerseits den bodenrechtlichen Charakter des Baugrundstücks prägt.

>Schlichter, aaO, § 34 Rz. 17.

Je nach der Art des zur Genehmigung anstehenden Vorhabens kann die "nähere Umgebung" also eine unterschiedliche Reichweite besitzen.

Zur Frage des Einfügens liegt eine unüberschaubare Rechtsprechung vor.

> Grundlegend
> BVerwGE 55, 369;
> siehe auch
> BVerwG BauR 1981, 351;
> BVerwG BauR 1983, 140, und
> BVerwG BauR 1987, 531.

Aus der maßgeblichen näheren Umgebung ist ein Rahmen zu ermitteln. Bleibt das Vorhaben innerhalb dieses Rahmens, fügt es sich regelmäßig ein. Ausnahmen sind in zweierlei Richtung möglich: Einerseits kann sich ein Vorhaben trotz Einhaltung des Rahmens nicht einfügen, wenn es an der "gebotenen Rücksichtnahme" auf die sonstige, d.h. vor allem auf die in seiner unmittelbaren Nähe vorhandene Bebauung fehlt. Andererseits kann sich ein Vorhaben aber auch dann einfügen, wenn es den Rahmen der Umgebung überschreitet, ausnahmsweise aber keine bewältigungsbedürftigen Spannungen auslöst oder vorhandene Spannungen verstärkt und hierdurch die bodenrechtliche Situation verschlechtert, stört, belastet oder in Bewegung bringt.

> Vgl. weiter hierzu Schlichter, aaO,
> Rz. 21 und
> Gelzer/Birk, aaO, Rz. 1156 ff.

An der gesicherten Erschließung des Vorhabens fehlt es, wenn das bereits vorhandene Straßennetz (im unbeplanten Innenbereich müssen sich Vorhaben grundsätzlich mit dem Erschließungszustand abfinden, den sie antreffen,

> vgl. Weyreuther, DVBl 1970, 3 ff)

durch das vom dem Vorhaben ausgelösten Verkehr so belastet wird, daß die Sicherheit und Leichtigkeit des Verkehrs nicht mehr gewährleistet ist.

BVerwGE 75, 34.

Die weiteren Zulässigkeitsvoraussetzungen "Anforderungen an gesunde Wohn- und Arbeitsverhältnisse sowie fehlende Beeinträchtigung des Ortsbildes" haben gegenüber dem Merkmal des "Einfügens" nur eine geringere Bedeutung. Im Einzelfall können sich hieraus zusätzliche Anforderungen ergeben, die dazu führen, daß ein Vorhaben unzulässig ist, obwohl es sich "einfügt".

> Vgl. das Beispiel von
> Schlichter, aaO, § 34 Rz. 41:
> Auch wenn in der näheren Umgebung Hinterhofbebauungen vorhanden sind, entsprechen diese heute nicht mehr den Anforderungen an gesunde Wohn- und Arbeitsverhältnisse und sind grundsätzlich unzulässig. Zum Kriterium der Beeinträchtigung des Ortsbilds vgl. OVG NW BauR 1991, 574.

bb) § 34 Abs. 2 BauGB

§ 34 Abs. 2 BauGB kommt zur Anwendung, wenn die Eigenart der näheren Umgebung hinsichtlich der Art der Nutzung einem Baugebietstyp i.S.d. BauNVO entspricht, also im Hinblick auf die vorhandene Bebauung eindeutig einer Gebietskategorie (z.B. allgemeines Wohngebiet i.S.d. § 4 BauNVO) zugeordnet werden kann. Für die Zulässigkeit des Vorhabens seiner Art nach kommt es dann ausschließlich darauf an, ob es in dem betreffenden Gebiet nach der BauNVO zulässig ist.

> Battis/Krautzberger/Löhr, aaO,
> § 34 Rz. 47.

Hinsichtlich des Maßes der Nutzung kommt es - wie bei § 34 Abs. 1 BauGB - auf das "Einfügen" in die nähere Umgebung an. Soweit § 34 Abs. 2 BauGB anwendbar ist, wird § 34 Abs. 1 BauGB verdrängt.

cc) § 34 Abs. 3 BauGB

§ 34 Abs. 3 BauGB wurde vom Gesetzgeber des BauGB als zusätzlicher Genehmigungstatbestand eingeführt, um in Gemengelagen Problemlösungen zu erleichtern.

Vgl. Lenz, BauR 1987, 1, 5.

Die Bestimmung kommt nur zur Anwendung, wenn die Erweiterung, Änderung, Nutzungsänderung oder Erneuerung einer zulässigerweise errichteten baulichen und sonstigen Anlage bei Anwendung des § 34 Abs. 1 bzw. 2 BauGB unzulässig wäre. Ein solches Vorhaben kann zugelassen werden, wenn dies aus Gründen des Wohls der Allgemeinheit erforderlich ist oder das Vorhaben einem Betrieb dient und städtebaulich vertretbar ist. Bezüglich der ersten Tatbestandsalternative kann auf das verwiesen werden, was hinsichtlich des Befreiungstatbestandes des § 31 Abs. 2 Nr. 1 BauGB ausgeführt wurde. Die zweite Alternative setzt voraus, daß die bauliche Maßnahme einen Bezug zu einem vorhandenen Betrieb besitzt. Ein - fiktiver - "vernünftiger Betriebsinhaber" muß eine solche Maßnahme nach betrieblichen Gesichtspunkten für erforderlich halten.

Battis/Krautzberger/Löhr, aaO,
§ 34 Rz. 63

Wie bei § 31 Abs. 2 BauGB ist auch hier Zulässigkeitsvoraussetzung, daß die Abweichung unter Würdigung nachbarlicher Interessen mit den öffentlichen Belangen vereinbar ist. Die Bestimmung stellt also einen speziellen Befreiungstatbestand im Rahmen des § 34 BauGB dar.

Erbguth, aaO, Rz. 293.

dd) Änderung durch das BauGB-MaßnG

Zur Erleichterung des Wohnungsbaus im unbeplanten Innenbereich enthält das BauGB-MaßnG Sonderregelungen für Wohnbauvorhaben. Diese Sonderregelungen kommen nur zur Anwendung, wenn ein Gebäude ausschließlich Wohnzwecken dient.

>Vgl. hierzu
>VGH BaWü BauR 1991, 592;
>OVG Schleswig BauR 1991, 731;
>OVG NW BauR 1991, 733, und
>OVG NW NVwZ 1991, 103.

Nach § 4 Abs. 2 BauGB-MaßnG können Erweiterungen, Änderungen, Nutzungsänderungen oder Erneuerungen vorgenommen werden, auch wenn diese nach § 34 Abs. 1 bzw. Abs. 2 BauGB unzulässig wären. Ebenso wie bei § 34 Abs. 3 BauGB (an diese Bestimmung lehnt sich § 4 Abs. 2 BauGB-MaßnG an) ist Voraussetzung, daß die nachbarlichen Interessen und die öffentlichen Belange gewahrt sind. Im Anwendungsbereich des § 34 Abs. 2 BauGB kann eine Befreiung aus Gründen des Wohls der Allgemeinheit bei dringendem Wohnbedarf sowie zur vorübergehenden Unterbringung und zum vorübergehenden Wohnen erteilt werden. Im Anwendungsbereich des § 34 Abs. 3 Nr. 1 BauGB liegen "Gründe des Wohls der Allgemeinheit" gleichfalls bei dringendem Wohnbedarf und Maßnahmen zur vorübergehenden Unterbringung und zum vorübergehenden Wohnen vor.

d) <u>Die Zulässigkeit von Vorhaben im Außenbereich (§ 35 BauGB)</u>

Liegt ein Grundstück weder im Geltungsbereich eines qualifizierten Bebauungsplans (§ 30 Abs. 1 BauGB) noch im Innenbereich (§ 34 BauGB), so handelt es sich planungsrechtlich um ein Außenbereichsgrundstück. Die Zulässigkeit eines Vorhabens beurteilt sich nach § 35 BauGB. Der Außenbereich soll - anders als die Bereiche nach §§ 30 bzw. 34 BauGB, die der Gesetzgeber grundsätzlich als "Bauland" einstuft - regelmäßig von Bebauung freigehalten werden. Der Außenbereich dient primär einer naturgegebenen Bodennutzung und zur Erholung für die Allgemeinheit.

>Erbguth, aaO, Rz. 29.

§ 35 BauGB differenziert zwischen sogenannten privilegierten Vorhaben, deren Zulässigkeit sich nach § 35 Abs. 1 BauGB beurteilt und sonstigen Vorhaben, die nach § 35 Abs. 2 BauGB zu beurteilen sind.

aa)   § 35 Abs. 1 BauGB

§ 35 Abs. 1 BauGB enthält eine abschließende Aufzählung von privilegierten Vorhaben, von denen die Ziffer 1 "Vorhaben, das einem land- oder forstwirtschaftlichen Betrieb dient und nur einen untergeordneten Teil der Betriebsfläche einnimmt", bei weitem die größte praktische Bedeutung besitzt.

Die Rechtsprechung ist hier immer wieder mit der Frage befaßt, wann ein Vorhaben einem landwirtschaftlichen Betrieb "dient", und wann überhaupt ein landwirtschaftlicher Betrieb vorliegt.

>Zahlreiche Nachweise zur jüngeren
>Rechtsprechung finden sich bei
>Birk, aaO, Rz. 675 a.

Die erleichterte Zulässigkeit von Vorhaben, die von § 35 Abs. 1 BauGB erfaßt werden, ergibt sich nach der Rechtsprechung daraus, daß solche Vorhaben zulässig sind, wenn ihnen öffentliche Belange nicht "entgegenstehen". Sonstige Vorhaben sind demgegenüber schon dann unzulässig, wenn sie öffentliche Belange "beeinträchtigen". Die Bevorzugung der

Vorhaben nach § 35 Abs. 1 BauGB wird damit gerechtfertigt, daß diese in "planähnlicher Weise" dem Außenbereich zugewiesen sind und ihre Realisierung grundsätzlich ein hohes Gewicht gegenüber den öffentlichen Belangen, die § 35 Abs. 3 BauGB aufzählt, besitzt.

>BVerwGE 48, 109, 114;
>vgl. auch
>Taegen, in: Berliner Kommentar,
>Band 1, aaO, § 35 Rz. 7 f.

In der Praxis bedeutet dies, daß privilegierte Vorhaben nach § 35 Abs. 1 BauGB regelmäßig im Außenbereich zulässig sind und nur ausnahmsweise im Einzelfall an entgegenstehenden öffentlichen Belangen scheitern.

bb) **§ 35 Abs. 2 BauGB**

Grundsätzlich anders ist die Situation bei § 35 Abs. 2 BauGB. Sonstige Vorhaben, die nicht unter § 35 Abs. 1 BauGB fallen, dies gilt z.B. für Wochenend- und Ferienhäuser, sind unzulässig, wenn ihre Errichtung die in § 35 Abs. 3 BauGB (beispielhaft) aufgezählten öffentlichen Belange beeinträchtigt. Regelmäßig wird der Belang "natürliche Eigenart der Landschaft" zur Unzulässigkeit der sonstigen Vorhaben führen. Nach gefestigter Rechtsprechung zielt dieser Belang auf einen <u>funktionalen Außenbereichsschutz</u>. Wesensfremde Nutzungen sollen ausgeschlossen sein.

>Vgl. die Nachweise der Rechtsprechung bei
>Battis/Krautzberger/Löhr, aaO,
>§ 35 Rz. 65.

Da eine Wohnnutzung im Außenbereich grundsätzlich wesensfremd ist, ist diese regelmäßig nach § 35 Abs. 2, Abs. 3 BauGB unzulässig.

Näher zur Zulassung sonstiger Vorhaben,
Taegen, aaO, § 35 Rz. 36 ff.

Zwar geht die herrschende Meinung davon aus, daß ungeachtet des Wortes "können" in § 35 Abs. 2 BauGB ein <u>Rechtsanspruch</u> auf Zulassung des Vorhabens besteht, wenn die Zulässigkeitsvoraussetzungen erfüllt sind.

BVerwGE 18, 247, 256 f;
Taegen, aaO, § 35 Rz. 37;
a.A. Ortloff, NVwZ 1988, 320, 322.

Wegen der extensiven Auslegung der öffentlichen Belange i.S.d. § 35 Abs. 3 BauGB und der leichten Bejahung einer "Beeinträchtigung" dieser Belange durch nicht privilegierte Vorhaben nutzt dieser - theoretische - Rechtsanspruch den Bauwilligen in der Praxis regelmäßig nicht.

cc) <u>§ 35 Abs. 4 BauGB</u>

§ 35 Abs. 4 BauGB erleichtert - aus Gründen des Bestandsschutzes - die Zulassung einzelner, in § 35 Abs. 4 BauGB enumerativ aufgezählter Vorhaben, so z.B. die Nutzungsänderung eines bisher für die Landwirtschaft genutzten Gebäudes, sowie die Neuerrichtung gleichartiger, zulässigerweise errichteter Wohngebäude und die alsbaldige Neuerrichtung zulässigerweise errichteter, durch außergewöhnliche Ereignisse zerstörter Gebäude. Die Erleichterung der Zulassung wird dadurch bewirkt, daß nach § 35 Abs. 4 BauGB bestimmte öffentliche Belange - besonders das weitreichende Verbot, die natürliche Eigenart der Landschaft zu beeinträchtigen - einem solchen Vorhaben nicht entgegengehalten werden können.

Zu den zahlreichen Zweifelsfragen,
die sich im Anwendungsbereich des
§ 35 Abs. 4 BauGB stellen, siehe
Finkelnburg/Ortloff, Öffentliches
Baurecht, Band 1, S. 269 ff, und
Gelzer/Birk, aaO, Rz. 1401 ff.

e) Zulässigkeit von Vorhaben während der Planaufstellung (§ 33 BauGB)

Hinzuweisen ist abschließend auf den besonderen Zulässigkeitstatbestand des § 33 BauGB. Diese Bestimmung regelt die Zulässigkeit von Vorhaben in Gebieten, für die ein Beschluß über die Aufstellung eines Bebauungsplans gefaßt ist. Regelmäßig beurteilt sich in einem solchen Bereich die Zulässigkeit des Vorhabens nach der bisher geltenden planungsrechtlichen Situation, also entweder nach den Festsetzungen des (noch) gültigen Bebauungsplans gemäß § 30 Abs. 1 BauGB oder nach § 34 bzw. 35 BauGB. § 33 BauGB gibt nun die Möglichkeit, gewissermaßen im Vorgriff auf die künftigen Festsetzungen des Bebauungsplans, ein Vorhaben zu genehmigen, sofern "anzunehmen" ist, daß die künftigen Festsetzungen des in der Aufstellung befindlichen Plans dem Vorhaben nicht entgegenstehen.

Zu § 33 BauGB siehe
Finkelnburg/Ortloff, aaO, S. 247 f, sowie
Gelzer/Birk, aaO, Rz. 1054 ff.

Nach § 33 Abs. 1 BauGB ist Voraussetzung für die Anwendbarkeit, daß die förmliche Planauslegung nach § 3 Abs. 2 und 3 BauGB durchgeführt ist, und die Träger öffentlicher Belange beteiligt worden sind. Dies deshalb, weil der Gesetzgeber davon ausgeht, bei diesem Stand der Planungsarbeiten sei der künftige Inhalt der planerischen Festsetzungen mit hinreichender Sicherheit absehbar. Weitere Zulässigkeitsvorbaussetzung ist, daß der Antragsteller die künftigen Planfestsetzungen für sich und für seine Rechtsnachfolger schriftlich anerkennt und die Erschließung gesichert ist.

Ausnahmsweise läßt § 33 Abs. 2 BauGB eine vorzeitige Genehmigung auch schon <u>vor</u> der Auslegung des Planentwurfs und der Beteiligung der Träger öffentlicher Belange zu. Erforderlich ist aber in diesem Fall, daß den betroffenen Bürgern und berührten Trägern öffentlicher Belange vor Genehmigungserteilung Gelegenheit zur Stellungnahme gegeben wird. Im übrigen gelten die Zulässigkeitsvoraussetzungen des § 33 Abs. 1 BauGB.

§ 33 Abs. 1 BauGB ist ausschließlich ein <u>positiver Zulässigkeitstatbestand</u>.

> Battis/Krautzberger/Löhr, aaO,
> § 33 Rz. 1

Die Versagung einer Genehmigung im Hinblick auf künftige Festsetzungen ist nicht möglich. Will die planaufstellende Gemeinde die künftigen Festsetzungen "sichern", so ist sie auf den Erlaß einer Veränderungssperre oder den Antrag auf förmliche Zurückstellung eines Baugesuchs nach § 15 BauGB angewiesen. Wird ein Vorhaben nach § 33 Abs. 1 BauGB genehmigt, so kann auch eine Nachbarklage auf die künftigen Festsetzungen gestützt werden, soweit diese nachbarschützend sind.

> VGH BaWü BauR 1992, 494.

III. Das bauordnungsrechtliche Genehmigungsverfahren

1. Allgemeines

Im vorhergehenden Teil II wurden die bundesrechtlichen Regelungen des BauGB behandelt. Wie eingangs (I 2) bereits dargelegt, sind weite Teile des Baurechts aber nicht bundeseinheitlich im BauGB bzw. ergänzend im BauGB-MaßnG enthalten, sondern landesrechtlich geregelt. Dies gilt auch für das Genehmigungsverfahren. Die einschlägigen Bestimmungen hierüber finden sich in den jeweiligen Bauordnungen der Länder.

> Eine detaillierte Darstellung des Baugenehmigungsverfahrens findet sich bei Uechtritz, Das Baugenehmigungsverfahren, in: Redeker/Uechtritz (Hrsg.), Anwaltshandbuch für Verwaltungsverfahren.

Im folgenden soll der Ablauf des Genehmigungsverfahrens dargestellt werden. Dabei wird ein besonderer Schwerpunkt auf Probleme gelegt, die erfahrungsgemäß in der Praxis am häufigsten auftreten. Zitiert werden die verfahrensrechtlichen Bestimmungen der LBO-BaWü. Die anderen Bauordnungen enthalten im wesentlichen gleichartige Bestimmungen. Auf erhebliche Abweichungen wird im einzelnen hingewiesen.

2. Genehmigungsbedürftige Maßnahmen

Nach allen Bauordnungen (vgl. § 51 Abs. 1 LBO-BaWü) bedarf die Errichtung und der Abbruch <u>baulicher Anlagen</u> einer Baugenehmigung. Zweck des Genehmigungsverfahrens ist die präventive Behördenkontrolle, ob das geplante Vorhaben die baurechtlichen Bestimmungen einhält. Solange keine Baugenehmigung vorliegt, besteht für genehmigungsbedürftige Maßnahmen ein Bauverbot. Die Baugenehmigung enthält - neben dem feststellenden Teil, daß das Vorhaben mit den geltenden öffentlich-rechtlichen Bestimmungen übereinstimmt - auch den sogenannten verfügenden Teil, durch den der Bau freigegeben wird.

> Finkelnburg/Ortloff, Öffentliches Baurecht, Bd. 2, S. 86 f.

a) <u>Der Begriff der baulichen Anlage</u>

Die Bestimmungen der Bauordnungen über die Genehmigungsbedürftigkeit knüpfen an das Vorliegen einer "baulichen Anlage" an. Dieser Begriff ist in allen Bauordnungen übereinstimmend definiert (vgl. § 2 LBO-BaWü).

Neben dem bauordnungsrechtlichen Anlagenbegriff gibt es auch einen bundesrechtlichen Begriff. Beide sind nicht deckungsgleich,

> vgl. BVerwGE 44, 59, 60.

Das Bundesverwaltungsgericht folgert dies aus der unterschiedlichen Zweckrichtung und Zielsetzung von Bauordnungsrecht und Bauplanungsrecht. Trotz dieser Differenzierung kann davon ausgegangen werden, daß in den meisten Fällen die Begriffe übereinstimmen, eine "bauliche Anlage" im bauordnungsrechtlichen Sinne, also auch eine "bauliche Anlage" im planungsrechtlichen Sinne ist,

> Finkelnburg/Ortloff, aaO, S. 10.

Nach der gesetzlichen Definition sind bauliche Anlagen "mit dem Erdboden verbundene, aus Baustoffen und Bauteilen hergestellte Anlagen. Eine Verbindung mit dem Erdboden besteht auch dann, wenn die Anlage durch eigene Schwere auf dem Boden ruht oder wenn die Anlage nach ihrem Verwendungszweck dazu bestimmt ist überwiegend ortsfest benutzt zu werden".

Die Rechtsprechung hat sich in zahlreichen Entscheidungen mit Grenzfällen befaßt. Folgende Beispielsfälle seien genannt.

Bejaht wurde eine bauliche Anlage bei einem Wohnfloß,

>VGH BaWü BRS 24, Nr. 129,

einem ehemaligen Fahrgastschiff, das am Ufer verankert war und als Gaststätte benutzt wurde,

>HessVGH BauR 1987, 183

sowie bei schwimmenden Wohnbooten auf Teichen,

>BVerwGE 44, 59.

Weiter bejaht wurde die bauliche Anlage für einen Wohnwagen, der regelmäßig auf einem bestimmten Grundstück abgestellt wurde,

>OVG Lüneburg BRS 18, Nr. 40, sowie
>BVerwG BRS 23, Nr. 129.

Gleiches gilt für einen mobilen Verkaufsstand, der regelmäßig an der gleichen Stelle aufgestellt wird,

>OVG Saarland BauR 1986, 309.

Besonders umstritten sind immer wieder Werbetafeln.

>Vgl. dazu
>VGH BaWü ESVGH 40, 199, und
>Ortloff, NVwZ 1991, 628.

Ergänzend zählen alle Bauordnungen weitere Anlagen und Einrichtungen auf, die kraft gesetzlicher Fiktion als bauliche Anlagen gelten und so der Genehmigungspflicht unterworfen werden. Dies gilt z.B. für Ausstellungs-, Abstell- und Lagerplätze sowie Stellplätze (vgl. § 2 Abs. 1 Satz 3 LBO-BaWü).

b)   Genehmigungsfreie Vorhaben

Während durch die gesetzliche Fiktion des § 2 Abs. 1 Satz 3 LBO-BaWü der Kreis der genehmigungspflichtigen Vorhaben erweitert wird, grenzen alle Bauordnungen umgekehrt das Genehmigungserfordernis dadurch ein, daß Anlagen, die zwar der allgemeinen Definition nach eine bauliche Anlage sind, vom Gesetzgeber aber als unbedeutend angesehen werden, vom Erfordernis einer Genehmigung freigestellt werden (vgl. § 52 Abs. 1 LBO-BaWü). Die Freistellung vom Genehmigungsverfahren bedeutet nicht, daß diese Vorhaben von den materiellen Anforderungen des Bauordnungsrechts bzw. den Festsetzungen eines Bebauungsplans freigestellt sind.

Darüber hinaus gibt es landesrechtliche Besonderheiten. So gilt in Hamburg aufgrund des landesrechtlichen Wohnungsbauerleichterungsgesetzes,

> Gesetz vom 4.12.1990, GVBl, S. 233;
> dazu Ortloff, NVwZ. 1991, 630,

ein vereinfachtes Genehmigungsverfahren für Gebäude geringer Höhe, die ausschließlich Wohnungen aufweisen. Hier muß die Genehmigungsbehörde innerhalb von zwei Monaten nach Eingang der vollständigen Unterlagen entschieden haben. Nach Fristablauf gilt die Genehmigung als erteilt. In Rheinland-Pfalz ist in § 65 LBO-Rh-Pf gleichfalls für eine Reihe von Vorhaben (nicht nur Wohngebäude, sondern auch landwirtschaftliche Betriebsgebäude mit nicht mehr als zwei Geschossen über der Geländeroberfläche) ein vereinfachtes Genehmigungsverfahren eingeführt worden. Die Frist, die der Behörde zur Entscheidung eingeräumt ist, beträgt hier sogar nur einen Monat (§ 65 Abs. 4 LBO-Rh-Pf). Inhaltlich ist die Prüfung durch die Behörde beschränkt. Die bauordnungsrechtliche Rechtmäßigkeit des Vorhabens ist nicht Gegenstand der Prüfung.

> Vgl. zu den sich hieraus ergebenden Problemen, vor allem im Fall der Nachbarklage
> OVG Rh-Pf BauR 1992, 219.

Am weitesten geht die sogenannte Baufreistellungsverordnung von Baden-Württemberg.

> Verordnung vom 26.4.1990, GBl, S. 776.

Nach § 1 BaufreistellungsVO sind auch Wohngebäude geringer Höhe mit nicht mehr als drei Wohnungen vom Erfordernis einer Baugenehmigung freigestellt. Ein Wohngebäude i.S.d. Verordnung liegt auch dann vor, wenn das Gebäude nicht nur, aber überwiegend dem Wohnen dient.

> Taxis, Baufreistellungsverordnung, 1990, § 1 Rz. 3.

Anwendungsvoraussetzung ist, daß das Vorhaben im Geltungsbereich eines qualifizierten Bebauungsplans nach § 30 Abs. 1 BauGB und außerhalb eines förmlich festgelegten Sanierungsgebietes i.S.d. § 142 BauGB sowie eines festgelegten Gebietes nach § 172 BauGB liegt.

> Näher zu den Einzelheiten des Verfahrens nach der BaufreistellungsVO Baden-Württemberg, siehe
> Uechtritz, Baugenehmigungsverfahren, aaO, Rz. 10 ff.

c) Änderungsmaßnahme an baulichen Anlagen

Nicht nur die Errichtung und der Abbruch, auch die Änderung baulicher Anlagen ist nach allen Bauordnungen grundsätzlich genehmigungspflichtig (vgl. § 2 Abs. 9 LBO-BaWü). Dieser Grundsatz wird aber für Änderungen aufgehoben, bei denen der Gesetzgeber eine präventive Kontrolle nicht für erforderlich hält. Die Ausnahmetatbestände sind in den einzelnen Bauordnungen unterschiedlich formuliert. So bestimmt § 52 Abs. 2 LBO-BaWü, daß "unwesentliche Änderungen" an oder in Anlagen und Einrichtungen keiner Baugenehmigung bedürfen. Dies gilt gemäß § 52 Abs. 2 LBO-BaWü auch für wesentliche Änderungen in Gebäuden, die ausschließlich dem Wohnen dienen und Wohnungen.

Zur Frage, wann eine "unwesentliche Änderung" vorliegt,

S. Sauter, LBO, Stand August 1991, Rz. 111 ff.

Als Grundsatz kann gelten, daß Maßnahmen, die auf den bestehenden Zustand einer Anlage so einwirken, daß die im baurechtlichen Verfahren zu berücksichtigenden öffentlichen Belange (Brandschutz, Standsicherheit, Gestaltung, etc.) mit hinreichender Wahrscheinlichkeit beeinträchtigt werden können, als "wesentliche Änderungen" einzustufen sind.

Vgl. Sauter, aaO, § 52 Rz. 110.

Viele Bauordnungen sind hinsichtlich der Regelung der Genehmigungsfreiheit von Änderungen präziser, vgl. z.B. § 62 Abs. 2 Nr. 1 und 2 BauONW und Art. 60 Abs. 3 BayBauO.

Gleichfalls genehmigungsfrei sind Instandsetzungs- und Unterhaltungsarbeiten (§ 52 Abs. 2 Satz 1 LBO-BaWü). Unterhaltungsarbeiten sind regelmäßig wiederkehrende bauliche Maßnahmen, die zur Erhaltung des bestimmungsgemäßen Gebrauchs oder der baulichen Substanz vorgenommen werden, um die durch Abnutzung, Alterung etc. entstandenen Mängel ordnungsgemäß zu beseitigen. Instandsetzungsarbeiten sind Maßnahmen zur Wiederherstellung des einwandfreien Zustands einer Anlage oder Einrichtung. Erfaßt werden hiervon alle Arbeiten, die dem Verfall einer Anlage entgegenwirken, ohne deren Identität zu verändern.

> Sauter, aaO, § 52 Rz. 109.

Kennzeichen der "Identität" ist es, daß das ursprüngliche Bauwerk unverändert als die "Hauptsache" erscheint.

> BVerwG BauR 1986, 302;
> Sauter, aaO, § 52 Rz. 111.

Hieran fehlt es regelmäßig, wenn die gesamte Anlage statisch nachgerechnet werden muß oder wenn der Arbeitsaufwand seiner Quantität nach den eines Neubaus erreicht oder gar übersteigt.

> Vgl. BVerwG BRS 47, Nr. 195, und
> BVerwG BRS 36, Nr. 99.

d) <u>Nutzungsänderungen</u>

Zweifel hinsichtlich einer Genehmigungspflicht stellen sich besonders häufig bei Nutzungsänderungen ohne Vornahme baulicher Veränderungen. Unter "Nutzungsänderung" ist eine Änderung der <u>Zweckbestimmung</u> einer baulichen Anlage zu verstehen. Jede Baugenehmigung legt eine bestimmte Nutzungsart fest. Für die Frage, ob eine Nutzungsänderung vorliegt, kommt es nicht darauf an, welche Nutzung vor der Änderung tatsächlich ausgeübt wurde. Entscheidend ist allein, welche Nutzung baurechtlich genehmigt ist.

> Gädtke/Böckenförde/Temme, Landesbauordnung Nordrhein-Westfalen, 8. Aufl., 1989, § 3 Rz. 34.

Zur Frage, ob die ursprüngliche Genehmigung ihre Gültigkeit verliert, wenn nicht nur vorübergehend eine andere Nutzung ausgeübt wird und ob die Baugenehmigung bei einer Nutzungsunterbrechung ihre Gültigkeit verliert,

> vgl. Uechtritz, in: Festschrift Gelzer, S. 259, 261 ff;
> siehe auch
> VGH BaWü NVwZ-RR 1990, 171, und
> VGH BaWü NVwZ 1991, 393.

Nicht jede Nutzungsänderung ist genehmigungspflichtig, sondern nur diejenigen, bei denen baurechtlich "weitergehende Anforderungen" (§ 52 Abs. 2 LBO-BaWü) gelten.

Ähnlich Art. 66 Abs. 4 Nr. 1 BayBauO:

"Genehmigungsfreiheit, wenn keine anderen oder weitergehenden Anforderungen" gelten; vgl. auch § 69 Abs. 4 NBO.

Unbestritten ist die Genehmigungspflicht dann, wenn auf die geänderte Nutzung andere bauordnungsrechtliche oder bauplanungsrechtliche Bestimmungen anwendbar sind.

Beispiel: Die Umwandlung eines Einzelhandelsgeschäfts in einen "Sex-Shop" mit Videokabinen stellt eine Nutzungsänderung dar, weil durch die Aufstellung der Videokabinen eine Vergnügungsstätte im Sinne der BauNVO geschaffen wird;

> vgl. OVG Lüneburg BauR 1988, 72.

Die BauNVO behandelt die Zulässigkeit von Vergnügungsstätten aber anders als die Zulässigkeit von Einzelhandelsbetrieben.

"Andere" bzw. "weitergehende" Anforderungen bestehen aber auch dann, wenn die gleiche planungsrechtliche Bestimmung sowohl auf die bisherige als auch auf die neue Nutzung anwendbar ist, im Einzelfall aber möglicherweise unterschiedliche Anforderungen gestellt werden können.

>Vgl. BVerwG BauR 1990, 582.

Entscheidend ist jeweils, ob infolge der geänderten Funktion die Genehmigungsfrage in bauordnungsrechtlicher, bauplanungsrechtlicher oder immissionsschutzrechtlicher Hinsicht neu aufgeworfen wird.

>Uechtritz, Baugenehmigungsverfahren, aaO, Rz. 20;
>Gädtke/Böckenförde/Temme, aaO, § 3 Rz. 34.

Nach diesen Grundsätzen stellt z.B. die Änderung eines Großhandels- in einen Einzelhandelsbetrieb eine genehmigungspflichtige Nutzungsänderung dar.

>BVerwG BauR 1984, 369;
>auch eine Sortimentsänderung kann bei großflächigen Einzelhandelsbetrieben bodenrechtlich relevant sein:
>OVG Saarland BauR 1987, 307.

Für den Grundstückseigentümer kann die Frage, ob im Einzelfall eine genehmigungspflichtige Nutzungsänderung vorliegt oder nicht eine außerordentlich große wirtschaftliche Bedeutung besitzen. Ist die angestrebte Funktionsänderung der baulichen Anlage genehmigungspflichtig, so ist anhand der aktuellen bauplanungsrechtlichen und bauordnungsrechtlichen Rechtslage zu prüfen, ob das Vorhaben zulässig ist. Besteht keine Genehmigungspflicht, so ist die geänderte Nutzung von der Legalisierungswirkung der vorliegenden Baugenehmigung erfaßt. Es kommt dann nicht darauf an, ob die neue Nutzung den aktuell geltenden Bestimmungen entspricht.

Dies folgt aus der sogenannten "Legalisierungswirkung" der Baugenehmigung. Diese schirmt das Vorhaben ab, solange die Genehmigung gültig ist;

>vgl. näher hierzu
>Uechtritz, in: Festschrift Gelzer,
>aaO, S. 261 m.w.N.

e) Spezialgesetzliche Genehmigungen mit Konzentrationswirkung

Die Errichtung einer baulichen Anlage bedarf dann keiner (gesonderten) baurechtlichen Genehmigung, wenn über ihre Zulassung in einem besonderen Verfahren entschieden wird und die spezialgesetzliche Entscheidung die Baugenehmigung einschließt. Eine solche "Konzentrationswirkung" kommt vor allem Planfeststellungsbeschlüssen zu, in denen die Zulässigkeit eines Vorhabens im Hinblick auf alle von ihm berührten öffentlichen Belangen festgestellt wird (vgl. § 75 VwVfG). Hervorzuheben sind z.B. die bundesrechtlich geregelten Planfeststellungsverfahren nach § 31 WHG, §§ 17 ff FernstraßenG, § 36 BundesbahnG, § 9 b AtomG und § 7 TelwegG. Auch die immissionsschutzrechtliche Genehmigung nach §§ 4, 8 und 15 BImSchG besitzt eine Konzentrationswirkung.

>Zur Konzentrationswirkung der immissions-
>schutzrechtlichen Genehmigung, vgl. jüngst
>Fluck, NVwZ 1992, 114;
>allgemein dazu
>Uechtritz, Baugenehmigungsverfahren,
>aaO, Rz. 23 ff.

Nach herrschender Meinung ist die Konzentrationswirkung nur eine "formelle". D.h. die Planfeststellungsbehörde bzw. die immissionsschutzrechtliche Genehmigungsbehörde ist bei der Genehmigungserteilung an das materielle Recht der durch das Vorhaben berührten gesetzlichen Bestimmungen (z.B. auch an die §§ 30 ff BauGB) gebunden,

vgl. Laubinger, VerwArch 1986, 77 ff.

Im Einzelfall kann sich aus § 38 BauGB etwas Abweichendes ergeben,

vgl. Erbguth, NVwZ 1986, 608, 612.

f) Genehmigungskonkurrenz

Während bei einer Genehmigung mit Konzentrationswirkung auf die Durchführung eines gesonderten bauaufsichtlichen Genehmigungsverfahrens verzichtet werden kann, gibt es andererseits auch Vorhaben, für die sowohl eine bauaufsichtliche als auch eine zusätzliche Genehmigung erforderlich ist. Zu nennen ist hier an erster Stelle die gaststättenrechtliche Genehmigung, die neben der baurechtlichen Genehmigung benötigt wird.

Zum Verhältnis Baugenehmigung/gaststättenrechtliche Genehmigung, vgl. BVerwG NVwZ 1989, 258, und BVerwG NVwZ 1990, 559.

Erforderlich ist in derartigen Fällen die Durchführung eines bauaufsichtlichen und des spezialgesetzlichen (z.B. gaststättenrechtlichen) Genehmigungsverfahrens.

Zur Frage, inwieweit die Baugenehmigungsbehörde in derartigen Konstellationen befugt bzw. verpflichtet ist, die fachfremden öffentlich-rechtlichen Vorschriften mitzuprüfen,

> vgl. BVerwG NJW 1987, 1713;
> Gaentzsch, NJW 1986, 1787;
> OVG NW BauR 1992, 610;
> Ortloff, NJW 1987, 1665, und
> Grooterhurst, NVwZ 1990, 539.

Von der Konstellation, in der zwei selbständige Genehmigungsverfahren durchzuführen sind, ist die Situation zu unterscheiden, in der die Genehmigung von der Bauaufsichtsbehörde nur im "Einvernehmen" mit einer anderen Behörde erteilt werden darf. Dies gilt z.B. nach § 36 BauGB, der die Erteilung einer Genehmigung in den Fällen der §§ 33 bis 35 BauGB vom Einvernehmen der Gemeinde abhängig macht. Das Einvernehmen ist eine interne Mitwirkungshandlung. Zwar ist die Genehmigungsbehörde an die Verweigerung des Einvernehmens gebunden. Ein Widerspruchs- bzw. Klageverfahren auf Erteilung des Einvernehmens kommt aber nicht in Betracht. Wird das verweigerte Einvernehmen nicht durch Maßnahmen der Rechtsaufsicht ersetzt, so muß die Baugenehmigungsbehörde den Bauantrag ablehnen. Der Bauwillige muß Klage auf Erteilung der Baugenehmigung erheben. Entspricht das Bauvorhaben den planungsrechtlichen Bestimmungen, so wird das Fehlen des Einvernehmens der Gemeinde durch Urteil ersetzt.

3. <u>Genehmigungsantrag</u>

a) <u>Antragsinhalt</u>

Eingeleitet wird das Baugenehmigungsverfahren mit der Einreichung des Bauantrags. In allen Bundesländern (mit Ausnahme der Stadtstaaten) erfolgt dies bei der Gemeinde. Ist diese selbst nicht Genehmigungsbehörde, so hat sie den Antrag unverzüglich an die Baurechtsbehörde weiterzuleiten (§ 53 Abs. 1 LBO-BaWü). Welche Angaben der Bauantrag enthalten muß, ergibt sich aus Verordnungen, die die Länder hierzu erlassen haben.

In Baden-Württemberg ist dies z.B. die BauVorlVO vom 2.4.1984 (GBl, S. 262). In NW die BauPrüfVO vom 6.12.1984 (GVNW, S. 774)

Diese, im wesentlichen inhaltsgleichen Verordnungen verlangen, daß dem Bauantrag regelmäßig folgende Unterlagen beizufügen sind:

- Lageplan,

- Bauzeichnungen,

- Baubeschreibung,

- Standsicherheitsnachweis, bautechnische Nachweise (z.B. Wärme-, Schall- und Brandschutz) und

- die Darstellung der Grundstücksentwässerung.

Bauantrag und Bauvorlagen sind vom Bauherrn und vom Planverfasser zu unterzeichnen. "Bauherr" im Sinne der LBO ist der Antragsteller. Ihn treffen die in den Bauordnungen näher bestimmten Pflichten (vgl. z.B. § 44 LBO-BaWü). An die Qualifikation des Planverfassers stellen die Bauordnungen nähere Anforderungen. So fordert z.B. § 53 Abs. 4 LBO-BaWü, daß die Bauvorlagen grundsätzlich von einem Architekten verfaßt und unterschrieben werden müssen.

b) Antragsberechtigter

Antragsteller (= "Bauherr" i.S.d. LBO-BaWü) kann nicht nur der Eigentümer des Baugrundstücks sein. Die Baurechtsbehörde ist aber befugt, von einem Bauherrn, der nicht Grundstückseigentümer ist, den Nachweis zu verlangen, daß er privatrechtlich zur Ausführung des Bauvorhabens berechtigt ist. Die Baurechtsbehörde soll nicht gezwungen sein, ein u.U. arbeitsaufwendiges Genehmigungsverfahren durchzuführen, obwohl das Vorhaben wegen fehlender privatrechtlicher Verfügungsbefugnis nicht realisiert werden kann. Fehlt die Zustimmung des Grundstückseigentümers, so kann der Bauantrag wegen Fehlens des Sachbescheidungsinteresses zurückgewiesen werden.

> Ortloff, NVwZ 1987, 377;
> VGH BaWü BauR 1991, 440.

Diese Möglichkeit ist der Bauaufsichtsbehörde nicht im Interesse des Grundstückseigentümers eingeräumt. Sie dient allein der Verwaltungseffizienz. Die einem Nichteigentümer erteilte Baugenehmigung verletzt daher den Eigentümer auch nicht in eigenen Rechten.

> Uechtritz, Baugenehmigungsverfahren,
> aaO, Rz. 54;
> OVG Hamburg DÖV 1960, 436.

Diese Grundsätze haben besondere Bedeutung für die Situation in den neuen Bundesländern, weil hier bislang vielfach ungeklärte Eigentumsverhältnisse an Baugrundstücken bestehen. Die Baurechtsbehörden, bei denen ein Bauantrag gestellt wird, sind nicht verpflichtet, die eigentumsrechtliche Situation z.B. im Hinblick auf Rückübertragungsansprüche von Alteigentümern zu prüfen. Die Baugenehmigung kann daher an einen Verfügungsberechtigten i.S.d. § 2 Abs. 3 VermG (oder an einen Dritten im Einverständnis mit dem Verfügungsberechtigten) erteilt werden - auch wenn offen ist, ob hinsichtlich dieses Grundstücks begründete Rückübertragungsansprüche bestehen.

> Vgl. KreisG Gera-Stadt LKV 1992, 99, und BezG Dresden VIZ 1992, 373.

Eine andere Frage ist es, ob der Alteigentümer (= Berechtigter i.S.d. § 2 Abs. 1 VermG) Unterlassungsansprüche gegen eine tatsächliche Veränderung der Situation geltend machen kann,

> vgl. hierzu KG DtZ 1991, 191;
> BezG Frankfurt/O. VIZ 1992, 71, und
> Busche, DtZ 1991, 294.

c) **Mehrfache Antragstellung**

Zulässig ist es, für ein Grundstück mehrere (verschiedene) Bauanträge zu stellen. Dies gilt sowohl für die zeitgleiche Stellung unterschiedlicher Anträge als auch die Stellung eines weiteren Antrags nach Ablehnung oder Erteilung einer Genehmigung. Voraussetzung hierfür ist lediglich das Vorhandensein eines Sachbescheidungsinteresses. Dieses besteht, wenn der Antragsteller sachliche Gründe für die mehrfache Antragstellung darlegen kann.

> Vgl. Ortloff, NVwZ 1989, 618.

Dies ist z.B. der Fall, wenn die rechtliche Situation hinsichtlich der zulässigen Bebauung zweifelhaft ist oder wenn der Grundstückseigentümer noch keine abschließende Entscheidung hinsichtlich der beabsichtigten Nutzung des Grundstücks getroffen hat. Unproblematisch ist es, wenn mehrfache Anträge dazu führen, daß für das gleiche Grundstück verschiedene Baugenehmigungen erteilt werden. Die

Baugenehmigung enthält die Feststellung über die Zulässigkeit einer (u.U. auch verschiedener) baulicher Nutzungen. Sie begründet keine Baupflicht.

OVG Berlin BRS 22, Nr. 141.

Zulässig ist auch ein wiederholter Bauantrag, wenn ein entsprechendes Baugesuch mit gleichem Inhalt früher bereits bestandskräftig abgelehnt wurde. Es gibt keine Bindung der Genehmigungsbehörde an bestandskräftige Ablehnungsentscheidungen.

BVerwG NJW 1976, 370.

Etwas anderes gilt dann, wenn über das streitige Bauvorhaben ein Verwaltungsrechtsstreit geführt und im Verwaltungsprozeß die Unzulässigkeit des Vorhabens rechtskräftig festgestellt wurde. Die Rechtskraft eines solchen Urteils steht einer erneuten (positiven) Entscheidung entgegen, sofern sich der Streitgegenstand des Gerichtsverfahrens auf die Genehmigungsvoraussetzungen bzw. ihr Nicht-Vorliegen bezieht.

Finkelnburg/Ortloff, aaO,
Band 2, S. 76;
Uechtritz, Baugenehmigungsverfahren,
aaO, Rz. 61.

4. Verfahrensgang

Häufig suchen Bauherren rechtlichen Beistand, weil die Entscheidung über ein Baugesuch aus ihrer Sicht unangemessen lange verzögert wird. Den Bauherren drohen in solchen Fällen nicht selten erhebliche wirtschaftliche Verluste. Von Ausnahmefällen abgesehen enthalten die Bauordnungen regelmäßig keine Bestimmung darüber, innerhalb welcher Frist über einen Bauantrag zu entscheiden ist. Als Faustregel gilt eine Frist von 3 Monaten als angemessene Bearbeitungsdauer. Diese Frist kann aber nur eine grobe Orientierung liefern. Im Einzelfall kann bei komplexen Vorhaben durchaus eine längere Bearbeitungszeit vertretbar sein. In einfach gelagerten Fällen kann eine Verpflichtung der Behörde zu rascherer Bearbeitung und Entscheidung bestehen.

> Vgl. Finkelnburg/Ortloff, aaO,
> Bd. 2, S. 81, und
> Schwager/Krohn, DVBl 1990, 3079.

Eine Untätigkeitsklage kommt nach § 75 Satz 2 VwGO frühestens drei Monate nach Antragstellung in Betracht. Im Hinblick auf die lange Dauer von verwaltungsrechtlichen Streitigkeiten erscheint ein solches Vorgehen nur dann sinnvoll, wenn im Einzelfall (möglichst nach direktem Kontakt mit dem zuständigen Sachbearbeiter bei der Genehmigungsbehörde) der Eindruck gewonnen wird, die Behörde verzögere das Vorhaben ohne sachgerechten Grund.

Eine Sondersituation besteht nach § 5 Abs. 4 BauGB-MaßnG für Wohnbauvorhaben: Ist die Genehmigung für ein "ausschließlich für Wohnzwecke" dienendes Vorhaben im Geltungsbereich eines qualifizierten Bebauungsplans beantragt,

> zu der Frage, wann ein Vorhaben
> "ausschließlich" Wohnzwecken dient, vgl.
> VGH BaWü BauR 1991, 592;
> OVG Schleswig BauR 1991, 731, und
> OVG NW BauR 1991, 733;
> siehe auch noch
> Bargou, VBlBW 1992, 367,

so darf die Genehmigung nicht nach den §§ 30 und 31 BauGB versagt werden, wenn nicht innerhalb von drei Monaten nach Eingang des Antrags bei der Genehmigungsbehörde eine Ablehnung erfolgt.

Hierzu
Moench, NVwZ 1990, 918, 222;
Jäde, UPR 1991, 50, und
Bargou, VBlBW 1992, 367, 368.

Diese Bestimmung bedeutet, daß im Verhältnis zwischen Antragsteller und Genehmigungsbehörde nach Ablauf von drei Monaten die planungsrechtliche Zulässigkeit des Vorhabens (fiktiv) feststeht. Eine Versagung kommt nur noch aus bauordnungsrechtlichen Gründen und bei einem Verstoß gegen § 15 BauNVO in Betracht.

§ 5 Abs. 4 BauGB-MaßnG schließt die Anwendbarkeit des § 15 BauNVO nicht aus,

vgl. Uechtritz, Baugenehmigungsverfahren, aaO, Rz. 65,

zur Frage, ob die Genehmigung nach Fristablauf wegen fehlenden Einvernehmens der Gemeinde noch möglich ist,

vgl. Birk, aaO, Rz. 612.

Da § 5 Abs. 4 BauGB-MaßnG nur die Geltendmachung bestimmter Untersagungsgründe ausschließt, selbst jedoch keine Genehmigungsfiktion enthält, muß der Antragsteller nach Ablauf der Frist entweder Untätigkeitsklage nach § 75 VwGO oder Verpflichtungsklage erheben, falls die Genehmigung trotz Fristablauf versagt wird.

5. Die Genehmigungserteilung

Die Erteilung der Genehmigung bedarf der Schriftform (§ 59 Abs. 1 Satz 2 LBO-BaWü). Sie muß also den Anforderungen des § 35 Abs. 3 VwVfG genügen. Eine mündliche oder konkludent erteilte Baugenehmigung ist gemäß § 44 Abs. 1 VwVfG nichtig.

Vgl. Dölker, BayVBl 1974, 400, 402 f;
ein Genehmigungsvermerk auf den Bauvorlagen genügt nicht,
OVG Lüneburg BRS 27 Nr. 147;
eine schriftliche Erklärung zum Protokoll des Gerichts ist nicht ausreichend
VGH München NVwZ 1987, 430, und
VGH München BayVBl 1991, 373,
anderes gilt für eine protokollierten gerichtlichen Vergleich,
VGH München NVwZ 1985, 430.

Ausnahmen und Befreiungen sind in einigen Bundesländern ausdrücklich auszusprechen (vgl. § 59 Abs. 1 Satz 2 LBO-BaWü). In anderen Ländern gilt dies nur für Befreiungen (§ 86 Abs. 2 NBauO). In welcher Form dies zu geschehen hat, kann den Bauordnungen nicht entnommen werden. Jedenfalls muß aus der Genehmigung eindeutig hervorgehen, daß eine Ausnahme bzw. Befreiung erteilt wurde.

Sauter, aaO, § 59 Rz. 65.

Die Geltungsdauer der Baugenehmigung ist begrenzt, teilweise auf drei (§ 62 Abs. 1 LBO-BaWü), teilweise auf nur zwei Jahre (§ 72 BauONW). Eine Verlängerung ist möglich. Wird innerhalb der Geltungsdauer nicht mit der Ausführung begonnen,

vgl. hierzu
Gädtke/Böckenförde/Temme, aaO,
§ 72 Rz. 9;
siehe auch BayVGH BauR 1991, 159,

so erlischt die Baugenehmigung. Ist der Bauherr durch den Widerspruch bzw. die Klage eines Nachbarn an der Realisierung des Vorhabens gehindert, so tritt eine Unterbrechung ein.

VGH BaWü BRS 36 Nr. 172.

In den meisten Fällen wird die Baugenehmigung mit Nebenbestimmungen erteilt. Da auf die Erteilung der Baugenehmigung ein Rechtsanspruch besteht, dürfen Nebenbestimmungen nur dann hinzugefügt werden, wenn sie durch Rechtsvorschrift ausdrücklich zugelassen sind, oder wenn sie sicherstellen sollen, daß die Genehmigungsvoraussetzungen erfüllt sind.

> Ausführlich zu der Problematik von
> Nebenbestimmungen zur Baugenehmigung,
> Uechtritz, Baugenehmigungsverfahren,
> aaO, Rz. 69 ff.

In der Praxis stellt sich für den Bauherrn, der sich durch Nebenbestimmungen belastet sieht, oft die Frage, ob eine isolierte Anfechtung der Nebenbestimmung möglich ist. Diese Möglichkeit ist für den Bauherrn günstig, da bei einer auf die Nebenbestimmung beschränkten Anfechtung die Gültigkeit der Baugenehmigung im übrigen nicht berührt wird. Der Bauherr kann also trotz des (u.U. langen) Rechtsstreits um die Nebenbestimmung von der Baugenehmigung Gebrauch machen. Traditionell wird für die Frage der isolierten Anfechtbarkeit einer Nebenbestimmung auf deren Rechtsnatur abgestellt: Eine Auflage, die einen selbständig durchsetzbaren Verwaltungsakt darstellt, soll regelmäßig isoliert anfechtbar sein; anderes gilt für die Bedingung, die - ohne selbständig durchsetzbar zu sein - Wirksamkeitsvoraussetzung für den Verwaltungsakt ist.

> Vgl. Stelkens/Bonk/Leonhardt, Verwaltungsverfahrensgesetz, 3. Aufl., 1990, § 36 Rz. 18 ff und Rz. 70 ff.

Das Prinzip der grundsätzlich selbständigen Anfechtbarkeit einer Auflage hat aber durch das Rechtsinstitut der sog. "modifizierenden Auflage" eine entscheidende Einschränkung erfahren.

Vgl. hierzu
Weyreuther, DVBl 1969, 295, und
BVerwG DÖV 1974, 380.

Die Frage, wann eine Auflage im Einzelfall "modifizierend" ist, kann oft nicht einfach beantwortet werden.

Vgl. dazu
Stelkens/Bonk/Leonhardt, aaO,
§ 36 Rz. 88.

In seiner jüngsten Rechtsprechung stellt das Bundesverwaltungsgericht,

BVerwG NVwZ 1984, 366,

nicht mehr entscheidend auf den "modifizierenden", also den Inhalt der Genehmigung selbst verändernden Charakter der Baugenehmigung ab. Maßgeblich soll sein, ob die Genehmigung ohne Auflage mit einem Inhalt weiterbestehen kann, der der Rechtsordnung entspricht. Nur wenn dies zu bejahen ist, kommt eine isolierte Anfechtung in Betracht.

6. **Die Bauvoranfrage**

a) **Anwendungsbereich**

In vielen Fällen bestehen Zweifel, ob ein bestimmtes Vorhaben genehmigungsfähig ist. In dieser Konstellation kann die Einreichung eines Baugesuchs, dessen komplette Erstellung nicht unerhebliche Kosten verursachen kann, unzweckmäßig sein. Als - kostengünstige - Alternative kommt in dieser Situation die Stellung einer Bauvoranfrage, gerichtet auf die Erteilung eines Bauvorbescheids (vgl. § 54 LBO-BaWü) in Betracht. Mit diesem Rechtsinstitut kann vor Einreichung eines vollständigen Bauantrags ein schriftlicher Bescheid "zu einzelnen Fragen des Vorhabens" (§ 54 Abs. 1 LBO-BaWü) erteilt werden. Mit der Bauvoranfrage kann der Bauherr die für die Realisierung seines Vorhabens entscheidende Frage (z.B. ob das Grundstück dem Innenbereich nach § 34 BauGB oder dem Außenbereich zuzurechnen ist, oder ob eine bestimmte Nutzungsart zulässig ist) zur förmlichen Entscheidung stellen.

b) <u>Rechtsnatur</u>

Der Bauvorbescheid ist ein vorweggenommener Ausschnitt aus dem feststellenden Teil der Baugenehmigung.

> Vgl. näher hierzu
> Finkelnburg/Ortloff, Band 2,
> S. 104 f.

Mit dem Bauvorbescheid wird über die zur Entscheidung gestellte Frage abschließend entschieden. Bezieht sich der Vorbescheid auf die planungsrechtliche Zulässigkeit eines Vorhabens, so wird dieser als "Bebauungsgenehmigung" bezeichnet.

Ist ein Bauvorbescheid erteilt, so entfaltet dieser im Verhältnis zur Genehmigungsbehörde Bindungswirkung. Diese darf die Frage, die Gegenstand der Bauvoranfrage war, im nachfolgenden Baugenehmigungsverfahren nicht abweichend beurteilen.

Zur Bindungswirkung des Bauvorbescheids bei Änderung der Sach- oder Rechtslage,

> vgl. Ortloff, NVwZ 1983, 705;
> Weidemann, BauR 1987, 9 ff, und
> Schneider, BauR 1988, 13 ff.

Die Bindungswirkung besteht auch gegenüber Nachbarn, sofern diesen der Bauvorbescheid zugestellt wird. Da es im Interesse des Bauherrn liegt, die Bindungswirkung des Vorbescheids nicht nur gegenüber der Genehmigungsbehörde, sondern auch gegenüber den Nachbarn herbeizuführen, sollte dieser darauf achten, daß der Vorbescheid auch Nachbarn, die möglicherweise dem Vorhaben ablehnend gegenüberstehen könnten, zugestellt wird. Legt der Nachbar gegen den Bauvorbescheid kein Rechtsmittel ein, so daß dieser bestandskräftig wird, so sind die im Bauvorbescheid entschiedenen Fragen im Fall eines späteren Widerspruchs bzw. eine Anfechtungsklage des Nachbarn gegen eine nachfolgende Baugenehmigung nicht mehr erneut zu prüfen.

>BVerwG, NJW 1984, 1474;
>siehe auch Uechtritz, Baugenehmigungsverfahren, aaO, Rz. 47.

Die Geltungsdauer des Bauvorbescheids ist, wie die der Baugenehmigung, zeitlich befristet. Auch hier sind die Regelungen in den einzelnen Bauordnungen unterschiedlich. In Baden-Württemberg beträgt die Geltungsdauer drei Jahre (§ 54 Abs. 1 LBO-BaWü), in Nordrhein-Westfalen zwei Jahre (§ 66 Abs. 1 LBO-NW).

c) <u>Verfahrensfragen</u>

Auch der Antrag auf Bauvorbescheid ist nach allen Bauordnungen (mit Ausnahme der Stadtstaaten) schriftlich bei der Gemeinde einzureichen. Dem Antrag sind nur diejenigen Vorlagen beizufügen, die zur Beurteilung der durch Vorbescheid zu entscheidenden Fragen erforderlich sind. Der "technische" Aufwand für eine Bauvoranfrage kann daher äußerst gering sein.

Auf das Verfahren finden im übrigen die Bestimmungen, die für das Genehmigungsverfahren gelten, Anwendung. Nach zutreffender Auffassung gilt dies auch für § 5 Abs. 4 BauGB-MaßnG.

> So Gelzer/Birk, aaO, Rz. 540 f, und
> Bargou, VBlBW 1992, 367, 368.

Auch ein Bauvorbescheid, der sich auf ein ausschließlich Wohnzwecken dienendes Vorhaben innerhalb des Geltungsbereichs eines qualifizierten Bebauungsplans bezieht, darf also nach Ablauf von drei Monaten nicht mehr wegen eines Verstoßes gegen §§ 30, 31 BauGB abgelehnt werden.

7. Baugenehmigung und nachbarliche Einwendungen

a) Allgemeines

Die Baugenehmigung ist ein Verwaltungsakt mit Doppelwirkung. Sie begünstigt den Bauherrn und kann - zumindest in einer Vielzahl von Fällen - Nachbarn belasten. Bei dieser Grundkonstellation sieht sich der Bauherr daher häufig mit Einwendungen der Nachbarn konfrontiert, die versuchen, sein Bauvorhaben zu verhindern, zumindest zu verzögern. Die Gründe hierfür sind höchst unterschiedlich: Sie reichen vom Bestreben eines Grundstückseigentümers, seine bisherige Aussicht gegen eine drohende "Verbauung" zu verteidigen, über die Absicht, eine befürchtete Wertminderung des eigenen Grundstücks durch die Zulassung eines Heimes (für Asylbewerber oder Aussiedler) in der Nachbarschaft zu verhindern, zu den Bestrebungen eines Gewerbe-/Industriebetriebs, die Zulassung einer störanfälligen Nutzung auf benachbarten Grundstücken zu unterbinden. Derjenige, der in der Praxis mit dem öffentlichen Baurecht befaßt ist, hat daher regelmäßig mit dem Konflikt "Bauherr/Nachbar" zu tun. Sei es, daß er selbst ein Vorhaben durchsetzen, sei es, daß er ein solches als Vertreter eines "Nachbarn" verhindern will. Im folgenden ist ein Überblick über die Fragestellungen zu geben, die hier regelmäßig auftauchen.

b) <u>Nachbareinwendungen im Genehmigungsverfahren</u>

Alle Bauordnungen sehen, allerdings in unterschiedlicher Form, die Beteiligung von "Nachbarn" an Genehmigungsverfahren vor. Die Bauordnung von Baden-Württemberg fordert eine Benachrichtigung der "angrenzenden" Eigentümer (§ 56 LBO). In Bayern ist eine Benachrichtigung "benachbarter" Grundstückseigentümer gefordert (Art. 76 BayBauO). Andere Bauordnungen (z.B. § 69 BauO NW) fordern eine Beteiligung der Nachbarn nur vor der Erteilung von Befreiungen, wenn zu erwarten ist, daß "öffentlich-rechtlich geschützte nachbarliche Belange berührt werden". Teilweise ist die Anhörung der Nachbarn auch nur dann angeordnet, wenn Ausnahmen oder Befreiungen von nachbarschützenden Vorschriften beabsichtigt sind (§ 72 Abs. 2 NBauO). Soweit das jeweils einschlägige Landesrecht die Beteiligung der "Angrenzer" fordert, sind nur diejenigen zu hören, die mit dem Baugrundstück eine gemeinsame Grenze haben.

> Vgl. Sauter, aaO, § 56 Rz. 5;
> der "Nachbar", der vom Baugrundstück durch
> eine öffentliche Straße getrennt wird, muß
> nicht zwingend beteiligt werden.

Ist - weitergehend - die Beteiligung von "Nachbarn" geboten, so sind diejenigen zu beteiligen, die durch das Vorhaben in ihren öffentlich-rechtlichen Belangen berührt werden können. Entscheidend kommt es auf die Art des jeweiligen Vorhabens an.

Grundsätzlich liegt es im Interesse des Bauherrn, den Kreis der zu beteiligenden Nachbarn weit zu ziehen. Auf diese Weise erfährt der Bauherr rechtzeitig von möglichen Einwendungen aus der Nachbarschaft. Er kann seine Planungen auf die eventuell hierdurch hervorgerufenen Verzögerungen abstellen bzw. schon vor Erteilung der Baugenehmigung versuchen, sich mit einsprechenden Nachbarn zu einigen. Alle Bauordnungen gehen davon aus, daß der über ein Bauvorhaben benachrichtigte Nachbar Einwendungen innerhalb einer bestimmten Frist vorzutragen hat (§ 56 LBO BaWü: zwei Wochen; Art. 69 Abs. 2 Satz 2 BauO NW: ein Monat). Diese Frist ist keine Ausschlußfrist. Der Nachbar kann also auch nach Fristablauf Einwendungen gegen ein Vorhaben vortragen. Die Nachbareinwendungen gegen einen Bauantrag stellen kein förmliches Rechtsmittel dar. Die Behörde ist also nicht gehindert, ungeachtet des Vorliegens von Nachbareinwendungen den Bauantrag zu genehmigen. Sie muß dies tun, wenn dem Vorhaben keine öffentlich-rechtlichen Vorschriften entgegenstehen, da der Bauherr in diesem Fall einen Rechtsanspruch auf Genehmigungserteilung hat. Da der Genehmigungsbehörde nach allen Bauordnungen nur die Prüfung der Vereinbarkeit des Vorhabens mit öffentlich-rechtlichen Vorschriften aufgegeben ist, ist der Hinweis auf entgegenstehende privatrechtliche Rechtspositionen regelmäßig nicht erfolgversprechend. Die Genehmigung wird unbeschadet privater Rechte Dritter erteilt (§ 59 Abs. 3 LBO BaWü). Privatrechtliche Einwendungen wird die Genehmigungsbehörde in der Regel ignorieren. Nur ausnahmsweise, wenn die fehlende privatrechtliche Befugnis zur Durchführung des Vorhabens offensichtlich ist, kommt eine Befugnis (keine Verpflichtung) der Behörde zur Ablehnung des Bauantrages wegen fehlenden Sachbescheidungsinteresses in Betracht.

c) <u>Widerspruch nach Genehmigungserteilung</u>

Da die Baugenehmigung einen Verwaltungsakt darstellt, kann der Nachbar gegen die erteilte Genehmigung Widerspruch einlegen. Dieser hat nach § 80 Abs. 1 VwGO aufschiebende Wirkung.

Mit der VwGO-Novelle wurde durch § 80 Abs. 1 S. 2 VwGO klargestellt, daß der Bauherr durch den Widerspruch eines Nachbarn gehindert wird, von seiner Baugenehmigung Gebrauch zu machen. Ein Teil der Oberverwaltungsgerichte hatte dies bisher verneint und vorläufigen Rechtsschutz für den Nachbarn nur nach § 123 VwGO eingeräumt.

> Vgl. Uechtritz, Baugenehmigungsverfahren, aaO, Rz. 89 m.w.N.

Umstritten ist, ob der Eintritt des Suspensiveffektes von der Zulässigkeit des Widerspruchs abhängt.

> Vgl. zum Meinungsstand,
> Kopp, aaO, § 80 Rz. 29, und
> Redeker/von Oertzen, VwGO, 10. Aufl.,
> § 80 Rz. 11, jeweils m.w.N.

Die wohl herrschende Meinung geht davon aus, daß jedenfalls ein offensichtlich unzulässiger Widerspruch nicht geeignet ist, eine aufschiebende Wirkung zu entfalten. In der Kommentarliteratur wird das Beispiel einer Widerspruchseinlegung durch einen Nachbarn aus einem anderen Stadtteil genannt.

> Redeker/von Oertzen, aaO, Rz. 11.

Ein Widerspruch (bzw. die Anfechtungsklage) eines Nachbarn kann nur dann Erfolg haben, wenn dieser in <u>nachbarschützenden Bestimmungen</u> verletzt ist. Da die Entscheidung der

Frage, ob eine Norm nachbarschützend ist, häufig zweifelhaft sein kann, kann ein "offensichtlich" unzulässiger Widerspruch also nicht deshalb vorliegen, weil die Baugenehmigung möglicherweise nicht gegen nachbarschützende Bestimmungen verletzt.

Zu beachten ist aber, daß widerspruchs- bzw. klagebefugt nur Eigentümer und andere dinglich Nutzungsberechtigte wie Erbbauberechtigte, Wohnungseigentümer und Nießbrauchberechtigte sind. Diejenigen, die nur obligatorisch Berechtigte sind (z.B. Mieter oder Pächter) sind nicht widerspruchs- bzw. klagebefugt. Das öffentliche Baurecht ist grundstücksbezogen, nicht personenbezogen.

> Vgl. Uechtritz, Baugenehmigungsverfahren, aaO, Rz. 78 m.w.N.;
> zur Diskussion um die Einbeziehung der obligatorisch Berechtigten siehe Ziekow, NVwZ 1989, 231, 232 m.w.N.

Da bis zur abschließenden Entscheidung über das Rechtsmittel eines Nachbarn Monate, im Fall einer verwaltungsgerichtlichen Klage Jahre vergehen können, hat der Bauherr regelmäßig ein starkes Interesse, den Suspensiveffekt des nachbarlichen Widerspruchs auszuschalten. Er kann nach § 80 a Abs. 1 Nr. 1 i.V.m. § 80 Abs. 2 Nr. 4 VwGO den Antrag stellen, die Baugenehmigung für sofort vollziehbar zu erklären. Umstritten ist, ob der Bauherr in jedem Fall zunächst die Verwaltungsbehörde um Erteilung des Sofortvollzugs ersuchen muß, oder ob eine unmittelbare Anrufung des Verwaltungsgerichts zulässig ist. Die wohl herrschende Meinung geht davon aus, daß eine vorherige Befassung der Behörde Zulässigkeitsvoraussetzung für einen entsprechenden gerichtlichen Antrag ist.

> BayVGH BayVBl 1991, 723;
> VGH BaWü NVwZ 1991, 687;
> Niedersächsisches OVG BauR 1992, 603;

Redeker, NVwZ 1991, 526, 530;
a.A. Kopp, aaO, § 80 a Rz. 21, und
Hörtnagl/Strutz, VBlBW 1991, 326, 331 f.

Folgt man der herrschenden Meinung, wonach zunächst eine Anrufung der Behörde geboten ist, besteht die weitere Streitfrage, ob diese vor einer Anordnung des Sofortvollzugs verpflichtet ist, den widersprechenden Nachbarn anzuhören.

Vgl. Redeker, BauR 1991, 525, 527 m.w.N.

Die wohl herrschende Meinung vertritt den - zweifelhaften - Standpunkt, daß eine vorherige Anhörung nicht geboten ist.

So z.B. VGH BaWü BauR 1992, 494.

Hinsichtlich des Entscheidungsmaßstabs für den Antrag auf Sofortvollzug gilt für das behördliche wie für das gerichtliche Verfahren das gleiche: Geboten ist eine Abwägung der widerstreitenden Interessen. Dabei ist maßgeblich auf den mutmaßlichen Ausgang des Verfahrens in der Hauptsache abzustellen.

Vgl. Redeker, BauR 1991, 527;
ders., NVwZ 1991, 530, und
Uechtritz, BauR 1992, 1, 3.

d) Die Situation im Fall des § 10 Abs. 2 BauGB-MaßnG

Nach § 10 Abs. 2 BauGB-MaßnG haben Widerspruch und Anfechtungsklage gegen eine Baugenehmigung keine aufschiebende Wirkung, wenn das Vorhaben ausschließlich Wohnzwecken dient. Der Bauherr befindet sich hier gegenüber dem Nachbarn verfahrensrechtlich in der besseren Position: Die ihm erteilte Baugenehmigung ist kraft Gesetzes sofort vollziehbar. Will der Nachbar den Bauherrn am Gebrauchmachen hindern, so muß dieser seinerseits gemäß § 80 a Abs. 2 VwGO gegenüber der Behörde bzw. gemäß § 80 a Abs. 3 VwGO gegenüber dem Verwaltungsgericht beantragen, die aufschiebende Wirkung seines Rechtsmittels anzuordnen. Auch in dieser Konstellation ist umstritten, ob der Nachbar direkt das Verwaltungsgericht anrufen kann oder stets zunächst versuchen muß, bei der Behörde die Anordnung der aufschiebenden Wirkung zu erreichen.

> Für die Zulässigkeit der unmittelbaren Anrufung des Gerichts
> VG Gelsenkirchen NVwZ 1991, 1209, sowie HessVGH DVBl 1992, 45, und OVG Bremen BauR 1992, 608;
> a.A.
> Niedersächsisches OVG BauR 1992, 603, und Redeker, NVwZ 1991, 526, 530.

Ungeklärt ist auch, welche Maßstäbe die Behörde bzw. das Verwaltungsgericht in diesem Fall anzuwenden hat. Zwar besteht ein weitgehender Konsens darüber, daß hier - wie in allen Fällen eines Verwaltungsaktes mit Doppelwirkung - maßgeblich auf den mutmaßlichen Ausgang des Rechtsmittels in der Hauptsache abzustellen ist. Streitig ist aber, wie zu entscheiden ist, wenn die Rechtslage bei der im Eilverfahren nur möglichen summarischen Prüfung als "offen" anzusehen ist. Während ein Teil der obergerichtlichen Rechtsprechung und Literatur annimmt, in diesem Fall überwiege regelmäßig das Interesse des Bauherrn,

> so VGH BaWü NVwZ-RR 1991, 287;
> BayVGH BauR 1991, 588;
> OVG des Saarlandes, BauR 1992, 289;
> Uechtritz, BauR 1992, 1, 5ff, und
> Ortloff, NVwZ 1991, 633,

nimmt ein anderer Teil an, bei "offenem" Ergebnis sei zum Schutz vor der Schaffung vollendeter Tatsachen regelmäßig die aufschiebende Wirkung anzuordnen.

So VGH BaWü BauR 1991, 588;
Jäde, UPR 1991, 59, und
ders., BayVBl 1992, 329 ff.

e) Rechtsschutz im Hauptsacheverfahren

Wird der Widerspruch des Nachbarn gegen die Baugenehmigung zurückgewiesen, so kann dieser verwaltungsgerichtliche Anfechtungsklage nach § 42 VwGO erheben. Der Erfolg des Rechtsstreits hängt davon ab, ob die Baugenehmigung tatsächlich nachbarschützende Vorschriften des öffentlichen Baurechts verletzt.

> Zur Frage, ob auch eine tatsächliche (faktische) Beeinträchtigung erforderlich ist, vgl. Uechtritz, Baugenehmigungsverfahren, aaO, Rz. 113.

Ist die Baugenehmigung zwar rechtswidrig, dienen die Normen, gegen die die Baugenehmigung verstößt, aber nur dem Allgemeininteresse, nicht dem Schutz des Nachbarn, so kann die Baunachbarklage keinen Erfolg haben. Hinsichtlich des maßgeblichen Beurteilungszeitpunktes bei einer Nachbarklage gilt folgendes: Grundsätzlich ist der Zeitpunkt der letzten Behördenentscheidung (also regelmäßig der Zeitpunkt des Erlasses des Widerspruchsbescheides) maßgeblich. Danach eintretende Rechtsänderungen sind unbeachtlich - es sei denn, die Änderung erfolgt zugunsten des Bauherrn. In diesem Fall ist auf den Zeitpunkt der mündlichen Verhandlung abzustellen.

> Finkelnburg/Ortloff, Band 2, aaO, S. 215; gleiches gilt auch für die Verpflichtungsklage des Bauherrn, der die Baugenehmigung erstreiten möchte, Finkelnburg/Ortloff, aaO, S. 205.

IV. Eingriffsbefugnisse der Baurechtsbehörden

Den Baurechtsbehörden ist auch unabhängig von einem Baugenehmigungsverfahren aufgegeben, die Einhaltung der baurechtlichen Vorschriften über die Errichtung, Unterhaltung und den Abbruch von Anlagen zu überwachen. Hierzu enthalten alle Bauordnungen Eingriffsbefugnisse, die im folgenden überblicksartig darzustellen sind (zitiert werden die Vorschriften nach der LBO BaWü).

1. Die baupolizeiliche Generalklausel

Bauliche Anlagen sowie Grundstücke sind so anzuordnen, zu errichten und zu unterhalten, daß die öffentliche Sicherheit oder Ordnung, insbesondere Leben und Gesundheit nicht bedroht werden und daß sie ihrem Zweck entsprechend ohne Mißstände benutzbar sind (§ 3 LBO). Diese Bestimmung - die ihre Entsprechung in allen Landesbauordnungen hat - ist die materiellrechtliche Generalklausel des Bauordnungsrechts. Auf sie können Eingriffe gestützt werden, wenn keine spezialgesetzlichen Normen einschlägig sind. Die verfahrensrechtliche Befugnisnorm findet sich in § 49 LBO BaWü: Danach haben die Baurechtsbehörden darauf zu achten, daß die baurechtlichen Vorschriften sowie die anderen öffentlich-rechtlichen Vorschriften über die Errichtung die Unterhaltung und den Abbruch von Anlagen eingehalten werden. Zur Wahrnehmung dieser Aufgaben haben die Behörden diejenigen Maßnahmen zu treffen, die nach pflichtgemäßem Ermessen erforderlich sind.

Gestützt auf die Generalklausel können die Baurechtsbehörden z.B. die Vorlage von prüfungsfähigen Bauvorlagen fordern, wenn die Genehmigungsfähigkeit eines ohne Baugenehmigung errichteten Gebäudes unklar ist.

Sauter, aaO, § 49 Rz. 94.

In Betracht kommen ferner z.B. eine Aufräumverfügung,

VGH BaWü BRS 30, Nr. 115,

oder auch eine Anordnung, adressiert an den Hauseigentümer, ein Mietverhältnis über Räume, die nicht als Wohnräume genutzt werden dürfen, zu kündigen.

VGH BaWü VBlBW 1983, 335;
weitere Beispiele bei
Sauter, aaO, § 49 Rz. 93 ff.

Das Einschreiten steht im Ermessen der Baurechtsbehörde. Dies betrifft sowohl das Ob als auch das Wie des Einschreitens. Bei einem eventuellen Einschreiten ist die Baurechtsbehörde an die allgemeinen Schranken für behördliches Verhalten gebunden. So ist das Übermaßverbot zu beachten.

Vgl. dazu Sauter, aaO,
§ 49 Rz. 38 ff.

Ferner muß die Baurechtsbehörde den Gleichheitsgrundsatz berücksichtigen. Sie ist gehalten, gleichliegende Fälle gleich und ungleichartige Fälle ungleich zu behandeln.

Vgl. Sauter, aaO, § 49 Rz. 47;
zu beachten ist, daß nach ganz
herrschender Meinung kein Anspruch
auf "Gleichheit im Unrecht" besteht,
vgl. BRS 32, 223.

Baupolizeiliche Verfügungen stellen Verwaltungsakte dar. Der Adressat kann sich mit Widerspruch und Anfechtungsklage zur Wehr setzen.

2. Die Nutzungsuntersagung

Spezialgesetzlich geregelt ist die Möglichkeit einer Nutzungsuntersagung. Nach § 64 Abs. 1 Satz 2 LBO kann die Behörde die Nutzung einer baulichen Anlage untersagen, wenn diese im Widerspruch zu öffentlich-rechtlichen Vorschriften steht. Mit der Nutzungsuntersagung kann die Anordnung verbunden werden, die für die unzulässige Nutzung eingebrachten Gegenstände zu entfernen.

> VGH BaWü VBlBW 1985, 457.

Besondere Bedeutung besitzt diese Vorschrift für die Fälle einer ungenehmigten aber genehmigungspflichtigen Nutzungsänderung. In diesen Fällen ist umstritten, ob für eine Nutzungsuntersagung die sogenannte "formelle Baurechtswidrigkeit" (also das Fehlen der erforderlichen Baugenehmigung) ausreicht, oder ob auch die materielle Baurechtswidrigkeit gegeben sein muß.

> Vgl. die Nachweise bei
> Finkelnburg/Ortloff, Band 2, aaO,
> S. 152 Fußn. 140, und
> Sauter, aaO, § 64 Rz. 73;
> für die Rechtsprechung aus jüngster
> Zeit siehe
> VGH BaWü NVwZ 1990, 480.

Überwiegend wird angenommen, daß die Baurechtsbehörde zumindest dann, wenn die neue Nutzung bereits aufgenommen worden ist, auch die Frage der materiellen Genehmigungsfähigkeit zu prüfen hat, da es schwerlich verhältnismäßig wäre, eine Nutzung zu untersagen, die materiell rechtmäßig (und daher genehmigungsfähig) ist.

3. Die Abbruchanordnung

Das schärfste Mittel, daß den Baurechtsbehörden zur Verfügung steht, ist die Abbruchsanordnung. Diese ist zulässig, wenn eine Anlage im Widerspruch zu öffentlich-rechtlichen Vorschriften errichtet wurde (vgl. § 64 Abs. 1 Satz 1 LBO BaWü).

Nach allgemeiner Auffassung kommt eine Abbruchanordnung nur dann in Betracht, wenn sowohl eine formelle Baurechtswidrigkeit (Fehlen einer Baugenehmigung) als auch eine materielle Rechtswidrigkeit (Verletzung materieller baurechtlicher Bestimmungen) gegeben ist. Eine "materielle Baurechtswidrigkeit" ist nur gegeben, wenn das Gebäude seit seiner Erstellung ununterbrochen gegen öffentlich-rechtliche Vorschriften verstoßen hat.

>VGH BaWü BaWüVwPr 1978, 9;
>Sauter, aaO, § 64 Rz. 19.

Stand das Gebäude irgendwann einmal im Einklang mit dem materiellen Baurecht, dann genießt es Bestandsschutz. Ein Abbruch kann dann nicht mehr angeordnet werden.

>BVerwG NJW 1971, 1624;
>zum baurechtlichen Bestandsschutz,
>siehe näher
>Sendler, in: Festschrift Werner Ernst,
>1980, S. 403, sowie
>Lenz/Heintz, ZfBR 1989, 142.

Gerade bei der scharfen Sanktion einer Abbruchverfügung muß die Behörde in besonderer Weise den Verhältnismäßigkeitsgrundsatz beachten.

>Vgl. dazu z.B.
>VGH BaWü BWVBl 1982, 199, und
>OVG Lüneburg BauR 1984, 277.

Allerdings hindert dieser die Baurechtsbehörde nicht, den Abbruch von Schwarzbauten anzuordnen, auch wenn der Bauherr hierdurch einen hohen finanziellen Schaden erleidet. Insbesondere bei Wochenendhäusern im Außenbereich ist in der Regel der Abbruch geboten.

>Vgl. VGH BaWü VBlBW 1982, 199;
>Sauter, aaO, § 64 Rz. 30.

4. Anspruch eines Nachbarn auf Einschreiten

Der Nachbar, der ein Handeln der Baurechtsbehörde gegen einen Bauherrn begehrt, hat nur dann einen Anspruch auf fehlerfreie Ausübung des Ermessens hinsichtlich eines eventuellen Einschreitens der Behörde, wenn der Bau gegen materiel-le Bestimmungen des Baurechts verstößt, die drittschützend sind.

>Sauter, aaO, § 49 Rz. 87 m.w.N.

Ist dies der Fall, so geht die herrschende Meinung zu Recht davon aus, daß i.d.R. eine Ermessensreduzierung auf Null vorliegt, die Behörde also einschreiten muß.

>Vgl. hierzu Jäde, Bauaufsichtliche
>Maßnahmen, 1989, Rz. 130 m.w.N.

In unserem Verlag sind u.a. folgende aktuelle Veröffent-
lichungen zum Bau- und Grundstücksrecht erschienen:

Prof. Dr. Steffen Gronemeyer, Paderborn
Genehmigungsverfahren nach dem BImschG
Probleme der neuen Bundesländer.
RWS-Skript 248. 1992.
Brosch. DIN A 5.
ISBN 3-8145-0248-5
Erscheint im Dezember 1992

RA Wolfgang Lenz, Fachanwalt für Verwaltungsrecht, Köln
Stadtbaudirektor Dipl.-Ing. Detlef Heintz, Köln
Öffentliches Baurecht nach der Rechtslage in den
neuen Bundesländern
RWS-Skript 231. 1992.
Brosch. 384 Seiten. DIN A 5. DM 79,--.
ISBN 3-8145-0231-0

Richter am BGH Prof. Friedrich Quack, Karlsruhe
Höchstrichterliche Rechtsprechung zum
privaten Baurecht
Stand 1992.
RWS-Skript 235. 1992.
Brosch. 126 Seiten. DIN A 5. DM 52,--.
ISBN 3-8145-0235-3

Richter am BGH Prof. Friedrich Quack, Karlsruhe
Grundlagen des privaten Baurecht
RWS-Grundkurs 7. 1992.
Brosch. 150 Seiten. DIN A 5. DM 62,--.
ISBN 3-8145-0807-6

Richter am OLG Dr. Peter Siegburg, Köln
Gewährleistung beim Bauvertrag
2., neubearb. Aufl. 1989.
Brosch. 292 Seiten. DIN A 5. DM 86,--.
ISBN 3-8145-8013-3

Bitte fordern Sie unser aktuelles Verlagsverzeichnis an!

 Verlag Kommunikationsforum GmbH Recht Wirtschaft Steuern
Postfach 27 01 25, 5000 Köln 1, Telefon (0221/4 00 88-0)